Adolf Glaser

Geschichte des Theaters zu Braunschweig

Eine kunstgeschichtl. Skizze

Adolf Glaser

Geschichte des Theaters zu Braunschweig
Eine kunstgeschichtl. Skizze

ISBN/EAN: 9783743406124

Hergestellt in Europa, USA, Kanada, Australien, Japan

Cover: Foto ©ninafisch / pixelio.de

Weitere Bücher finden Sie auf **www.hansebooks.com**

Geschichte

des

Theaters zu Braunschweig.

Eine Kunstgeschichtliche Skizze

von

Adolf Glaser.

Braunschweig.
Verlag von H. Neuhoff & Comp.
1861.

Seiner Hoheit
dem regierenden Herzoge
Wilhelm
von Braunschweig-Lüneburg-Oels etc.

ehrfurchtsvoll zugeeignet.

Inhalt.

Erster Abschnitt.
Von der Zeit der Einführung des Christenthums bis zur Reformation … 1

Zweiter Abschnitt.
Von der Zeit des dreißigjährigen Krieges bis zur ersten Entwickelung der Selbständigkeit in der darstellenden dramatischen Kunst … 16

Dritter Abschnitt.
Die erste italienische Oper und die Gesellschaft der Neuberin in Braunschweig … 32

Vierter Abschnitt.
Die Wandertruppen und der Impressario Nicolini … 51

Fünfter Abschnitt.
Von Lessing's Ankunft in Wolfenbüttel bis zum Schlusse des Nationaltheaters unter Klingemann's Leitung … 67

Schluß.
Das Hoftheater … 88

Nachwort … 94

Geschichte

des

Theaters zu Braunschweig.

Erster Abschnitt.

Von der Zeit der Einführung des Christenthums bis zur Reformation.

Ein Zug der Besonnenheit und klugen Zurückhaltung ist dem Volkscharakter der Sachsen von jeher eigen gewesen. Fern von der Gefühlsschwelgerei und leidenschaftlichen Hast, womit südlichere Nationen jede neu auftauchende Idee, wenn sie nur die Sinne blendete oder der Phantasie Nahrung bot, erfaßten, gaben sich die Bewohner des nördlichen Deutschlands, der Kern des germanischen Volksstammes, erst nach ruhiger Ueberlegung denjenigen Neuerungen hin, die von Außen her zu ihnen kamen und ihr inneres Wesen anfänglich fremd berührten. War dann aber einmal das Eis gebrochen, so konnte auch kein Volk besser dazu geeignet sein, die neuen Keime zur kräftigen Entfaltung zu bringen, als gerade das innerlich tüchtige Sachsenvolk.

Als Karl der Große das Christenthum mit der Gewalt der Waffen in die nördlichen Theile Deutschlands brachte, rief das neue Licht zuerst den trotzigen Widerstand der heidnischen Sachsen wach. Nur nach und nach fand die erhabene Lehre, in deren Gefolge geistige Bildung und milde Gesittung eingezogen, eine sichere Stätte unter jenen echt germanischen Stämmen und bestand damit die Feuerprobe für ihre allsiegende Gewalt. Durch ihren Anschluß an das römisch-deutsche Reich sowohl, als auch durch Heirath mit den christlich erzogenen Töchtern der fränkischen und bairischen Fürstenhäuser, wurden die Herzöge von Sachsen von nun an häufig nach den südlicheren Pflanzstätten der damaligen Cultur geführt und die segensreiche Macht der milden Weiblichkeit, die sich nicht damit begnügt, selbst Gutes zu empfangen, sondern dasselbe auch zu verbreiten trachtet, förderte das schöne Werk der Ausbreitung des Christenthums und der Gesittung in den sächsischen Ländern.

Schon Wittekinds Urenkel, Ludolph, der Vater jenes Bruno, welcher der Gründer der Stadt Braunschweig wurde, gab den Bitten seiner frommen Gemahlin Oda, einer fränkischen Fürstentochter, nach und unternahm mit ihr eine Reise nach Rom. Nach der Zurückkehr stiftete Oda im Jahre 856 das Kloster Gandersheim, welches nur für die Damen des höchsten Adels bestimmt war und wo drei ihrer eigenen Töchter, die unverheirathet blieben, nacheinander Aebtissinnen wurden. Gerburga hieß die erste Aebtissin dieses reichdotirten Stiftes, welches fortdauernd den Schutz und die Gunst der sächsischen Fürsten genoß und von vielen Prinzessinnen aus dem herzoglichen Hause regiert wurde.

Hundert Jahre nach der Stiftung des Klosters war eine zweite Gerburga, die Tochter Herzog Heinrichs von Baiern, des dritten Sohnes von Kaiser Heinrich dem Finkler, Aebtissin von Gandersheim, wohin sie schon als junges Mädchen zu ihrer Erziehung und geistigen Ausbildung gebracht war. Von ihr sagt der Chronist: „Sie soll eine gelehrte Domina und Abatissa gewesen sein."

Was ihr jedoch für diese Schrift eine besondere Bedeutung verleiht, ist das Interesse, welches sie der dramatischen Kunst zuwendete. Denn unter ihrer Leitung und besondern Aufmunterung dichtete ein Fräulein aus edlem sächsischen Geschlechte, unter dem Namen Roswitha, in lateinischer Sprache epische und dramatische Werke, welche für die damalige Zeit so werthvoll und vortrefflich waren, daß man die berühmte Gandersheimer Nonne mit vollem Rechte die Begründerin der dramatischen Poesie in Deutschland nennen darf, in welchem Sinne auch ihre Büste in der Walhalla bei Regensburg aufgestellt wurde.

Was die dramatischen Dichtungen der Roswitha über andere gleichzeitige poetische Bestrebungen stellt, ihre selbständige Gestaltungskraft und das originelle Gepräge von Zeit und Ort, verleiht denselben auch heute noch einen bedeutenden culturhistorischen Werth. Wie sie selbst in ihrer Vorrede dazu sagt, hat sie diese Komödien geschrieben, um die Lectüre des Terenz, bei welcher „während man sich ergötzt an der süßen Rede, das Herz allerlei schlechte Dinge lernt," unter den Klosterfrauen zu verdrängen. Man muß hierbei nicht vergessen, daß damals, zur Zeit der Ottonen, die lateinische Sprache in Deutschland Modesprache war und von den vornehmen und gelehrten Damen ebenso gepflegt wurde, wie heutzutage etwa die englische Sprache. Roswitha also schrieb ihre lateinischen Komödien für die Damen und Schülerinnen des Stiftes und aller Wahrscheinlichkeit nach sind dieselben dort auch vor hohen Gästen aufgeführt worden. Alle Elemente, deren sich in späteren Zeiten die dramatische Dichtkunst in Deutschland bediente, sind darin bereits in ihren Anfängen vertreten. In den von niederen Leidenschaften getriebenen Personen macht sich das noch nicht ganz bezwungene heidnische Wesen geltend, welchem die milde, versöhnende Gewalt des Christenthums und der reinen Weiblichkeit entgegensteht. So unter Anderm in der Geschichte der christlichen Fürstin Drusiana, welche durch ihre Tugend vom Tode erweckt wird und den heidnischen Jüngling Kalimach, der sie mit wilder Gluth liebt und die Leiche selbst im Grabe noch aufsucht, unter dem Beistande des heiligen Johannes bekehrt. Allerdings kommen in diesen lateinischen Dramen Scenen vor, welche an die derben Sitten des frühen Mittelalters erinnern, aber niemals zeigt sich ein absichtliches Wohlgefallen daran und die zartfühlenden Klosterfrauen der damaligen Zeit waren bei aller Freiheit nach dieser Seite hin doch gewiß durchaus rein in ihrer Gesinnung.

„Freilich" so rechtfertigt Roswitha den eigenthümlichen Widerspruch zwischen ihren Pflichten als Nonne und ihren poetischen Werken, in der Vorrede zu ihren Dramen, — „werde ich oft von heißer Röthe übergossen, wenn solche Dichtung mich nöthigt, heillosen Liebeswahnsinn und das leider so süße Zwiegespräch, das ich ja nicht einmal hören dürfte, dichtend durchzudenken und im Style auszuprägen. Ließe ich das jedoch ängstlich aus und genügte meinem Vorsatze nicht, wie könnte ich dann ebenso sehr nach meiner Kraft die Reinen verherrlichen! Denn je verführerischer die Schmeichelworte der Liebe, um so herrlicher der Sieg der Triumphirenden."

Dieses erste Auftreten der dramatischen Kunst in Sachsen, in einem Kloster, dessen Bau ungefähr zur selben Zeit mit der Stadt, welche Bruno gründete, von Bruno's Mutter gleichsam als Familienstiftung unternommen worden, ist gewiß ein interessantes und erfreuliches Ereigniß in der Culturgeschichte des braunschweigischen Landes. Zu Roswitha's Zeit war durch die Heirath Otto's II. und der griechischen Prinzessin Theophania, die den byzantinischen Kunstsinn vom Hofe zu Constantinopel mitbrachte, ein erhöhetes geistiges Leben in die sächsischen Lande gekommen; die kostbare Urkunde dieser Heirath, welche in Gold=

buchstaben auf violettem Grunde ausgeführt ist, war lange Zeit im Besitze des Gandersheim'schen Archivs und befindet sich gegenwärtig noch im Landesarchiv zu Wolfenbüttel; von Roswitha's Legenden, ihren sechs Dramen und ihrem Gedichte auf Otto I. hat sich eine alte Handschrift erhalten, die sich gegenwärtig in der Münchener Bibliothek befindet.

Jahrhunderte müssen wir vorüberziehen lassen, ohne eine Spur von dramatischen Bestrebungen in ihnen verzeichnen zu können. Wie die gewaltige Umwälzung im geistigen Leben des sächsischen Volkes, welche die Einführung des Christenthums bewirkte, durch Roswitha sich vor uns aufrollt, so mahnt die zweite Erscheinung von großer und weitgreifender Bedeutung für die dramatische Kunst in Brauschweig, Herzog Heinrich Julius, an die gewaltige Zeit der Reformation, denn in ihr erst finden wir den Faden wieder, der uns die Weiterbildung dieser geistigen Richtung erkennen läßt.

Die Zeit von Heinrich dem Löwen bis zur Reformation war für Braunschweig eine ruhelose, und daher für geistige Regungen wenig günstig. Mit der Theilung der Lande unter die einzelnen Linien des Welfischen Hauses war das Signal zur Uneinigkeit und zu egoistischen Streitigkeiten gegeben. Die Fürsten wurden durch ihre Fehden von edleren Bestrebungen abgezogen, während die Stadt Braunschweig im Gefühle ihrer wachsenden Größe und materiellen Macht schwelgte, und der Rath eifersüchtig seine Rechte und Privilegien wahrte. Wohl mögen schon zur Zeit Heinrichs des Löwen zu den Meßzeiten Gaukler und Possenreißer das Volk belustigt haben, wohl mochten in den Klosterschulen die jungen Leute zur Weihnachts- und Osterzeit Scenen aus der heiligen Geschichte darstellen, und mancher fleißige Mönch wird dieselben mit wohlverzierten Lettern verzeichnet haben. Die gewal=

tige Fluth des dreißigjährigen Krieges hat jede Spur dieser Einzelbestrebungen verwischt und nur der Ruhm einer zu ihrer Zeit so berühmten Dichterin wie Roswitha hat diese Grenzscheide im geistigen Leben des germanischen Volkes zu überdauern vermocht.

Ein folgereiches Ereigniß war die Wiedervereinigung der getrennten Lande unter einem Fürsten und die Verlegung der herzoglichen Residenz nach Wolfenbüttel, was durch Herzog Friedrich, den ältesten Sohn von Magnus Torquatus, im Jahre 1374 geschah.

Damals blühten in Italien unter dem Schutze und an den Höfen einzelner Fürsten, deren verfeinerte Genußsucht auch die Schönheit, welche der künstlerischen Phantasie entquillt, zu schätzen wußte, Musik, Poesie und bildende Kunst, für welche der Sinn dort von Alters her genährt und erhalten war. Die italienischen Dichter aus jener Zeit wurden als Luxusartikel an den Höfen unterhalten und ihr Werth bildete oft den Gegenstand eifersüchtiger Streitigkeiten, wie dies das Leben Tasso's beweist. Auch in Deutschland scheinen ähnliche Verhältnisse zur Zeit der sogenannten höfischen Poesie vorgekommen zu sein, wenigstens erinnert der Sängerkrieg auf der Wartburg daran. Aus den braunschweiger Landen ist nichts derart bekannt, wenngleich man annehmen darf, daß auch hier zuweilen wandernde Rhapsoden sich auf den Burgen und Schlössern der Fürsten aufgehalten haben werden.

Wahrscheinlich wurden in der alten Hansestadt Braunschweig schon lange Zeit vor der Reformation zuweilen große Mysterien-Aufführungen, wie sie im vierzehnten, fünfzehnten und sechszehnten Jahrhundert Sitte waren, veranstaltet. Die Legende der Heiligen und die biblischen Erzählungen, vom Sündenfalle bis zur Apostelgeschichte, bildeten den Inhalt dieser Mysterien, deren Darstellung oft ganze Tage lang währte und wozu das Volk aus der Umgegend zusammenströmte. Ein hohes Brettergerüste war die aus mehreren Stockwerken bestehende Bühne, welche mit den Plätzen der Zuschauer unter freiem Himmel vor der Stadt oder auf einem der größeren Plätze in derselben aufgeschlagen war. Nach und nach wurden diese Darstellungen mit großem Raffinement ausgestattet. Die Zahl der mitwirkenden Personen belief sich oft auf Hunderte und es wurden Maschinerien angewendet, deren Wirkung die Zuschauer mit Staunen und Furcht erfüllte. So z. B. war bei einer Scene des Pfingstfestes vorgeschrieben: „Der heilige Geist fährt hernieder und erscheinen an den Aposteln feurige Zungen," und an einem andern Orte: „Es geschieht ein Erdbidem; die Thüren thun sich auf und werden sie aller Banden ledig." · Die Qualen der armen Seelen im Fegefeuer, sowie die Martern der Heiligen, wurden mit der rücksichtslosesten, ausgesuchtesten Deutlichkeit und oft mit erschütternder Wirkung dargestellt, während das höllische Treiben der Teufel, schon in Folge der fratzenhaften Erscheinungen, bald eine humoristische Deutung erhielt und den Zuschauern zur Belustigung diente. Man hatte Teufel von verschiedenen Sorten: Lucifer, Unversün, Satanas, Spiegelglanz, Federwisch, Kreuzelein; auch allegorische Teufel, wie der Saufteufel, Spielteufel, Aufruhrteufel u. A. Nach und nach wurden diese Teufel beliebte Erscheinungen: sie hatten nicht nöthig, sich in steifer anständiger Heiligkeit zu halten, durften Späße und Grimassen machen und wurden so zu den Urbildern unserer heutigen Volks- und Localkomiker, welche, da der Mensch zu allen Zeiten lieber gelacht als geweint hat, in der Gunst der Menge hoch standen. Freilich mußten sie sich aber auch, um diese Gunst zu erhalten, tüchtig prügeln, zwicken und peinigen lassen, damit der rohe Haufen etwas zu lachen hatte.

Die völlige Umwandlung des Teufels in den Spaßmacher und damit die erste Spur des Volksdramas fällt in die große Zeit der Reformation, nachdem vorher die Erfindung der Buchdruckerkunst allen geistigen Bestrebungen einen gewaltigen Aufschwung gegeben und dieselben allgemeiner gemacht hatte.

Seltsamer Weise findet sich das erste schriftliche Zeugniß für das Auftauchen der Bezeichnung „Hanswurst" in einer Schrift Luthers, welche der große Reformator wider den Herzog Heinrich den Jüngern von Braunschweig-Wolfenbüttel richtete. Während nämlich des regierenden Herzogs Vetter, Herzog Ernst von Braunschweig-Grubenhagen, persönlich mit Luther befreundet und ein eifriger Beförderer von dessen Lehre war, setzte sich Herzog Heinrich der Jüngere den kirchlichen Neuerungen schroff entgegen. Luther richtete deshalb eine derbe Streitschrift gegen ihn, welche zu Wittenberg 1540 erschien und worin die Stelle vorkommt: „Du zorniges Geistlein weißest wohl, daß dies Wort Hanswurst nicht mein ist, noch von mir erfunden, sondern von andern Leuten gebraucht wider die groben Tölpel, die klug sein wollen, doch ungereimt und ungeschickt zur Sache reden und thun. Also hab' ich's auch oft gebraucht, sonderlich und allermeist in der Predigt." Herzog Heinrich des Jüngern Sohn und Nachfolger, Julius, war darauf der lutherischen Lehre wieder mit aller Energie zugethan.

Gegen das Ende des sechszehnten Jahrhunderts tritt uns die für die Entwicklung der dramatischen Kunst in Deutschland hochbedeutende Gestalt des Herzogs Heinrich Julius entgegen. Man hat erst in neuerer Zeit angefangen, den Einfluß dieses Fürsten auf die dramatische Kunst seiner Zeit zu würdigen; betrachten wir nun seine Bestrebungen nach den nächst gelegenen Umständen, um sein Verdienst und seine culturhistorische Bedeutung noch höher schätzen zu lernen. In Deutschland bestand damals eine große Spaltung in den dramatischen Bestrebungen. Auf der einen Seite begannen die öffentlichen Vorstellungen für das Volk in Rohheit zu versinken, indem die Mysterien nach und nach, theils durch schamlose und theils durch widerlich gräßliche Excesse verfielen. Selbst die Fastnachtspiele der Nürnberger Meistersänger, Ayrer, Rosenplüt u. A. waren wenig besser. Auf der andern Seite spreizte sich die gelehrte Richtung in den Schuldramen, welche, namentlich von lutherischer Seite gepflegt, großentheils in lateinischer Sprache gedichtet und auf den Schulprüfungen recitirt wurden. Im Jahre 1588 war einer der berühmtesten Dichter der damaligen Zeit, Nikodemus Frischlin, für kurze Zeit Rector an der Martinischule zu Braunschweig und brachte einige seiner lateinischen Tragödien und Komödien durch seine Schüler daselbst zur Darstellung. Seine berühmte „Rebekka", welche er 1575 während des Reichstages zu Regensburg vorgelesen hatte und wofür er vom Kaiser Maximilian II. zum gekrönten Dichter und später sogar zum Pfalzgrafen ernannt wurde, ist ebenfalls 1588 durch die Schüler der Martinischule auf dem Altstadt-Rathhause zu Braunschweig aufgeführt worden. Auch auf dem Neustadt-Rathhause spielten die Schüler der höheren Unterrichtsanstalten unter Leitung ihrer Lehrer deutsche und lateinische Dramen mit langgedehnten philosophischen und theologischen Dialogen und im Jahre 1593 wurde eine Komödie „Der Lutheraner wider die Calvinisten," vom Doctor Zacharias Rinandro, zu Braunschweig gedruckt und dem Rathe gewidmet. Diese gelehrten Bestrebungen und religiösen Zänkereien waren für das Volk ohne Werth, und würden vielleicht noch lange Zeit ohne Wirkung auf die Entwicklung der deutschen Theatergeschichte geblieben sein, wenn nicht Herzog Heinrich Julius

von Braunschweig, einer der ausgezeichnetsten Regenten seiner
Zeit, der nach allen Seiten das geistige und materielle Wohl
seines Landes förderte, auch nach dieser Richtung hin wirksam
eingegriffen hätte. Er errichtete nicht nur in Wolfenbüttel ein
Hoftheater, sondern gab selbst das Beispiel, volksthümliche Dra=
men in der deutschen Sprache zu dichten. Indem er auch
solche Stoffe wählte, die von Anderen lateinisch bearbeitet wa=
ren — er behandelte u. A. die Geschichte der Susanna, welche
Frischlin mit großem Aufsehen zu einer lateinischen Comödie
benutzt hatte — zeigte er deutlich, daß es ihm gerade auf die
Förderung der deutschen Dichtkunst ankam. Sämmtliche Stücke
des Herzogs stammen aus der Zeit vor, oder sehr kurz nach
seinem Regierungsantritte, welcher im Jahre 1589 erfolgte, da
sie alle in Wolfenbüttel 1593 und 1594 zuerst gedruckt wurden.
Später mögen wohl ernstere Fragen ihn von seiner Lieblings=
beschäftigung abgezogen haben. Die Stoffe zu einigen seiner
Komödien nahm Heinrich Julius aus derselben Quelle, aus
welcher die Engländer schöpften. Er bearbeitete italienische
Novellen. Eine besonders wichtige Einführung war die Person
des bestimmten Spaßmachers, den er in seinen Stücken theils Jo=
han Clant, theils Johan Bouset nennt, dessen Erscheinung
zwar noch fremdartig wirkt und an die Narren in den englischen
Stücken erinnert, der aber doch den Uebergang zum deutschen
Hanswurst sehr deutlich charakterisirt.

In des Herzogs Tragödie vom ungerathenen Sohne ist die Art
der damals in England gebräuchlichen Gräuelspiele, deren Einfluß
selbst im „Titus Andronicus" von Shakespeare zu erkennen ist,
nachgeahmt und das Stück strotzt von Mordscenen, blutdürstigen
Thaten und Gespenstererscheinungen. — Der „Vincentius Labis=
laus" dagegen ist eine Nachbildung jener italienisch=spanischen Gat=

tung von renomirenden und bramarbasirenden fahrenden Rittern, wie sie namentlich später in den theatralischen „Haupt- und Staatsactionen" vielfach vorkamen. Echt deutsch sind die Lustspiele vom betrogenen Wirthe und vom Edelmann, der von einem schlauen Abte überlistet wird. Als das hervorragendste und wichtigste Stück erscheint die bereits erwähnte Tragikomödie von der Susanna, die der Herzog zweimal bearbeitete und in welcher die Elemente des damaligen Volkslebens mit einer tragischen Verwicklung sehr naiv verbunden sind.

Ein Mann wie Heinrich Julius durfte es wagen, sich der einseitigen gelehrten Dichtung entgegenzustellen; er hatte nicht allein seine fürstliche Stellung und die Achtung seiner Zeit auf seiner Seite, er besaß auch die Mittel, um die Sache sogleich praktisch in's Leben zu rufen. Die Berufsschauspieler waren damals in Deutschland noch unbekannt. Einzelne umherziehende Menschen unterhielten das Volk auf den Märkten und Messen durch rohe und oft unzüchtige Darstellungen, Gaukler und Seiltänzer, letztere in Braunschweig Linienflieger genannt, fanden sich ein; mit diesen Gesellen war jedoch nichts Ernsthaftes anzufangen. In England dagegen stand die Schauspielkunst schon damals in ganz anderem Ansehen. Durch Shakespeare's Vorgänger war derselben bereits eine Stätte bereitet und dieser selbst hatte seine glänzende Laufbahn begonnen und erfreute sich der Theilnahme seiner jungfräulichen Königin Elisabeth.

Da erschienen plötzlich englische Komödianten auf dem Continente und gaben durch die Darstellung von Uebersetzungen und Bearbeitungen englischer Stücke in Deutschland das erste Beispiel der eigentlichen Berufsschauspieler. Das Erscheinen dieser englischen Schauspieler in der deutschen Theatergeschichte ist schon oft der Gegenstand verschiedener Vermuthungen gewesen. „Wer waren sie? Sollen wir sie für wirkliche Engländer halten oder waren es junge Deutsche vom Comtoir der Hansa?" fragt Tieck. Der Umstand, daß schon 1597 englische Komödianten — von denen einer Namens Thomas Sakesiel in besonderer Gunst stand, für die Herzogin Einkäufe besorgte und häufig Geldgeschenke erhielt — als **herzogliche Diener** in Wolfenbüttel angestellt waren, dürfte manchen Zweifel lösen. Es wird schwerlich ein früheres Auftreten englischer Komödianten nachzuweisen sein und aller Wahrscheinlichkeit nach war Herzog Heinrich Julius derjenige, welcher zuerst fremde Schauspieler berief, um durch diese sein Hoftheater organisiren zu lassen. Auf diese Weise veranlaßte er auch andere Engländer zu Kunstreisen in Deutschland und Deutsche zur Nachahmung derselben. Nimmt man noch Rücksicht darauf, daß die Gemahlin des Herzogs eine Schwester der spätern Königin Anna von England, der Gemahlin Jakobs I. war, so dürfte kein Zweifel bleiben, daß Herzog Heinrich Julius die englischen Schauspieler in Deutschland einführte.

Ein umfassender Geist muß Herzog Julius gewesen sein! Am Hofe seines Schwiegervaters, des Königs von Dänemark, hatte der vielseitig wissenschaftlich gebildete Mann den Einfluß kennen gelernt, den eine verständige Förderung des materiellen Luxus sowohl als der geistigen Entwicklung eines Volkes auf das Wohl des Landes und die Geltung des Fürsten ausüben. Trotz der heftigen Kämpfe mit der widerspenstigen Stadt Braunschweig, deren vorläufiges Ende durch die entsetzliche Katastrophe des Mordes Hennig Brabands und der übrigen Hauptleute herbeigeführt wurde, dem die furchtbare Ueberschwemmung und schließliche Einnahme der Stadt als gerechte Strafe folgte, blieb dem Herzoge doch das Interesse für die dramatische Poesie bis zu seinem Ende erhalten. Vor mehreren Jahren sind seine sämmtlichen elf Komödien durch den literarischen Verein in Stuttgart unter Redaction von Dr. Holland neu herausgegeben worden. Die Titel derselben lauten: Tragica Comödia von der Susanna, ausführlichere Bearbeitung. — Von der Susanna, kürzere Bearbeitung. — Tragödia von einem Buler und Bulerin. — Comödia von einem Weibe. — Comödia von einem Wirthe. —. Tragödia von einem ungerathenen Sohne. — Tragödia von einer Ehebrecherin. — Tragica Comödia von einem Gastgeber. — Comödia von einem Edelmann. — Comödia von Vincentio Ladislao. — Der Fleischhauer. — Die letztere Comödia war früher nicht gedruckt und befand sich als Manuscript mit den übrigen im Archive zu Hannover.

Nach dem Vorbilde der von Herzog Heinrich Julius berufenen englischen Komödianten begannen in der ersten Hälfte des siebzehnten Jahrhunderts deutsche Wandertruppen sich zu bilden. In der Stadt Braunschweig fanden sich solche zur Messe frühzeitig ein. Im Jahre 1614, also ein Jahr nach dem Tode des Herzogs Heinrich Julius, erhielt ein englischer Komödiant vom Rathe der Stadt die Erlaubniß zu spielen; er spielte an zwei aufeinanderfolgenden Tagen, bekam am dritten Tage, wie die gleichlautende Notiz lautet, „kein Volk," und der Rath bewilligte ihm einen Thaler Entschädigung.

Bald darauf schlugen die Wogen des dreißigjährigen Krieges über Deutschland zusammen und das Elend jener Zeit traf besonders die braunschweiger Lande sehr hart. Die Nachrichten von der dramatischen Kunst fehlen während dieser schweren Periode gänzlich und erst nach derselben finden wir den Faden unter völlig veränderten Verhältnissen wieder.

Zweiter Abschnitt.

Von der Zeit des dreißigjährigen Krieges bis zur ersten Entwicklung der Selbständigkeit in der darstellenden dramatischen Kunst.

Die welterschütternden Zeiten des dreißigjährigen Krieges führten einen gewaltigen Umschwung in der gesammten Culturentwicklung herbei. Von da an begegnen wir im geistigen Leben des deutschen Volkes dem entschiedenen Einfluß der französischen Weltanschauung; freilich nur in Bezug auf die äußere Gestaltung, das Formelle in Kunst und Wissenschaft, denn der französische Geist war und blieb dem deutschen Wesen ewig fremd und konnte höchstens für kurze Zeit einige untergeordnete Talente blenden.

Für die dramatische Kunst hatte der Einfluß des Versailler Hofes in gewissem Sinne eine große Bedeutung, denn er legte den Grund zur völligen Umgestaltung der äußeren Verhältnisse des Theaters.

Wir werden bald sehen, wie die, damals nur von weiterblickenden Geistern anerkannte, im Allgemeinen aber verachtete Schauspielkunst die Gunst der höchsten Gesellschaft gewann und wie das Interesse für die Bühne Modesache und Angelegenheit der Höfe wurde.

Ohne Zweifel verdankt das edlere Streben in der dramatischen Kunst der Sucht nach Vergnügen eine bedeutende Förderung, nämlich die hauptsächliche Gelegenheit zu einer dauernden Wirksamkeit; und eben so wenig, wie ein solches Theater jemals Erfolg gehabt haben würde, welches nur allein auf den Sinn für die edlere Richtung beim großen Publicum speculiren wollte, darf die Geschichte der Entwicklung unserer Bühnenverhältnisse diejenigen Umstände geringschätzen, welche mitgewirkt haben, um dem Schauspielwesen die Mittel zu verschaffen, durch welche es auf seinen gegenwärtigen Standpunkt gelangt ist. — Ob es besser gewesen, wenn es anders gekommen wäre, ist eine leere Frage; die Thatsache steht fest, daß die Gunst der Höfe der Bühne durch das Ballet und die Oper gewonnen wurde und daß das Schauspiel erst nach und nach in die prächtigen Theater einzog, die ursprünglich mehr zu Tempeln des Vergnügens als eines höhern Kunstgenusses erbaut wurden.

Als die gesellschaftlichen Sitten nach den Religionskriegen im siebzehnten Jahrhundert sich zu verfeinern begannen, kamen von Frankreich her die allegorischen Tänze an den deutschen Höfen in Aufnahme. Nicht im schwindelnd raschen Umherwirbeln suchten die Tänzer ihre Lust; sie bestrebten sich vielmehr durch zierliche Schritte, durch wohlberechnetes „Neigen und Beugen" dem Tanze eine charakteristische Bedeutung zu geben. — Bei festlichen Gelegenheiten, Geburtstagen, Trauungen u. s. w. wurden besondere Tänze aufgeführt, wozu die Tanzenden in Charaktermasken erschienen, und so entwickelte sich gar bald die Darstellung förmlicher Vorgänge und Handlungen, die zwar anfangs nur sehr lose verbunden waren, aber nach und nach zu vollständigen Balletvorstellungen ausgebildet wurden. Was konnte reizender sein, als daß man sich auf einige Stunden von dem Zwang der

Etiquette befreite und in geschmackvollem Costüm, welches der Phantasie freien Spielraum ließ, allen zärtlichen Neigungen im Gewand einer idealen Persönlichkeit Ausdruck gab! Bald stellte sich das Bedürfniß der erklärenden Textbeigabe ein, denn die Erfindungsgabe der Tanzmeister ging oft sehr weit und das Verlangen nach neuen Zusammenstellungen führte zur Behandlung der mannigfaltigsten, oft schwer zu enträthselnden Gegenstände. Der Olymp mit allen seinen Göttern und Göttinnen und die ganze alte Welt mit allen Helden, Philosophen und Gesetzgebern mußten dabei mitwirken, und als die Allegorie mehr und mehr hervortrat, die Zusammenstellung complicirter und unverständlicher wurde, da fand man gar bald, daß ein melodramatisches Recitiren erklärender Verse der Sache einen ganz besondern Reiz verleihen müsse. Als dann in der Mitte des siebzehnten Jahrhunderts die Oper von Italien aus bei dem französischen Hofe in Aufnahme kam, in Deutschland ebenfalls nachgeahmt und anfänglich nur als Privatbelustigung der höchsten Herrschaften betrachtet wurde, fand man die Mitwirkung der fremden Sänger und Sängerinnen bei den Balleten ganz in der Ordnung. Jede Hofhaltung hatte ihre Hofkapelle. Die Vocalmusikanten gehörten zur Kapelle, und ebensogut wie die fürstlichen Kapellmitglieder ihre Flöten und Geigen als Begleitung der Tänze ertönen ließen, konnte man die erklärenden Gesangstellen von den engagirten Sängern ausführen lassen. Die gedruckten Textbücher von verschiedenen Residenzen, aus der letzten Hälfte des siebzehnten Jahrhunderts, zeigen uns Beispiele von großen allegorischen Balletvorstellungen mit beigegebenem erklärenden Texte, in welchem die Tänze von den hohen und höchsten Herrschaften und der gesangliche Theil von den Mitgliedern der Hofkapelle ausgeführt wurden.

Eines der ältesten Ballete vom Hofe zu Braunschweig

führt den Titel: „Neu erfundenes Freudenspiel, genannt Friedenssieg." „In Gegenwart vieler Chur- und Churfürstlicher, auch anderer vornehmer Personen, in dem Fürstlichen Burgsaal zu Braunschweig im Jahre 1642, von lauter kleinen Knaben vorgestellt." Dies Ballet feierte die Präliminarien des westphälischen Friedens und die herzoglichen Kinder füllten dabei die Hauptrollen, andere Knaben vom Adel die übrigen Rollen aus. Die darin vorkommenden Personen waren: Das Glück — der Friede — Henricus Auceps — Cupido — der Teutscher — der Franzos — der Spanier — der Türk — Mars — Mercurius — die Tugend — die Gerechtigkeit — die wahre Vernunft — Ceres — die Einigkeit — die Gottesfurcht — die Tapferkeit; sodann der Vorreder, der Zwischenreder und der Nachreder; ein teutscher Bauer und ein Alamode Cavalier, Namens Boldrian.

Außer diesem liegt ein „Frühlingsballet, oder die Vermählung des Phöbus und der Flora, zur Vermählungsfeier des Herzogs Anton Ulrich mit Elisabeth Juliane, Erbin zu Norwegen, Herzogin zu Schleswig, Holstein, Stormarn und Ditmarsen, Gräfin zu Oldenburg und Delmenhorst, vom 20. August 1656," im fürstlichen Residenzschlosse zu Wolfenbüttel aufgeführt, vor.

Diese beiden Ballets sind mit geringen Erläuterungen versehen; ausführlicher werden diese Textbeigaben schon in dem 1659 aufgeführten „Ballet des Tages, oder aufblühende Frühlingsfreude." „In der fürstlichen Braunschweigischen Residenz und Hofe entsprossen, über dem Hochwerthen und angenehmen Geburtstage des Durchlauchtigen Hochgeborenen Fürsten und Herrn, Herrn Augusti, Herzogen zu Braunschweig u. s. w." — Herzog Anton Ulrich, der zweite Sohn Augusts, welcher in dem zuerst erwähnten Ballet als Knabe die Rolle des Glücks ausfüllte, und dessen Vermählung in dem zweiten Ballete gefeiert wurde, repräsentirte in dem zuletzt genannten die Hauptrolle: den Tag. Die Personificationen, welche in diesem „Ballet des Tages" vorkommen, sind: 1) der Tag, kommt als Urheber dieser angestellten Geburts- und Frühlingsfreude; in einem bequemen Habit, alle fügliche Zubehör bei sich habend, auf den Schauplatz und singet, unter dem Klang anmuthiger Musikalischer Instrumente. 2) Die Wachsamkeit, als Anführerin des ersten Theiles, die frühe Morgenzeit und zugleich die Kindheit vorstellend, wie aus ihrem Gefolge hervorgeht: Zu diesem Gefolge gehört Krates mit vier Schülern; Paris mit Schäfern und Schäferinnen, die ihre Heerden in der Frühe auf den Berg Ida treiben. 3) Die Emsigkeit mit dem Morgen und der Jugend. 4) Die Scharfsinnigkeit, als Symbol des Mittags und der Mannheit, und 5) die Hoheit, worin sich das Alter und der Abend vorstellen, mit besonderer Hindeutung auf den damals achtzigjährigen Herzog August. Im Gefolge der Emsigkeit erschien auch Xantippe mit vier Mägden und sprach ihren gebührenden Scheltvers. Zum Schluß trat die Zeit auf, aber nicht mit Stundenglas und Hippe, sondern als weibliches Wesen, als Mutter des Tages, der mit den zwölf Stunden ein großes Schlußballet formirte. — Andere Ballete sind „das Ballet der Natur", ferner „Ballet der vier Jahreszeiten", welche sämmtlich von dem hochfürstlichen Tanzmeister Monsieur de la Marche erfunden und von den Prinzen und Prinzessinnen des Hauses und dem höchsten Adel ausgeführt wurden.

Einen bedeutenden Fortschritt erkennen wir in der im Februar des Jahres 1688 in der Residenz Wolfenbüttel aufgeführten Oper „Medea in Atene", wobei die Mitglieder der Hofkapelle namhaft in ihren Rollen angeführt sind. Der eigentlichen Oper ging ein Prolog vorher, bei welchem die Bühne das Chaos vorstellte. Die vier Elemente, personificirt durch Cybele, Pluto, Neptun, Aethra, sowie Jupiter, wurden von den italienischen Sängern und Sängerinnen dargestellt, während ihr Gefolge, bestehend aus Salamandern, Gnomen, Silphen und Nymphen, von den herzoglichen Prinzen und Prinzessinnen, von Grafen und Gräfinnen getanzt wurde. Die darauf folgende Oper gab den Mitgliedern der Vocalkapelle mehrere große Rollen und den höchsten Herrschaften Gelegenheit zu Tänzen als Krieger, athenienische Damen, Statuen und Ringer; ja es kommt sogar der komische Fall vor, daß mehrere Gräfinnen als Zofen der Medea, welche letztere von der engagirten Primadonna gesungen wurde, eine Entrée tanzen.

Dieser Zustand bildete nur einen Uebergang. Die „allerhöchsten Herrschaften" zogen sich nach und nach in den Zuschauerraum zurück, und von der Zeit an, wo die bedeutenden Kosten, welche die Oper in Anspruch nahm, die Theilnahme eines zahlenden Publicums wünschen ließ, hörte die persönliche Mitwirkung hochgestellter Theaterliebhaber ganz auf. Zwar ließen die jüngeren Glieder der fürstlichen Familie diese Belustigung sich gewiß ungern entziehen, denn viel später als die obenerwähnten Aufführungen, nachdem die italienische Oper in Braunschweig während der Messe bereits jedermann zugänglich und ein Balletpersonal engagirt war, fanden im Residenzschlosse zu Wolfenbüttel und im Lustschlosse zu Salzdalum noch zuweilen Privatvorstellungen unter Mitwirkung der Herrschaften statt.

Die Textbücher zu jenen fürstlichen Ballettheatervorstellungen enthalten oft auch Abbildungen, auf welchen einzelne Personen aus den Balleten in Costüm dargestellt sind. Daß es an Pracht und Ausstattungspomp nicht fehlte, geht aus allen diesen Zeugnissen hervor. In dem „Ballet der Natur" kommen die Elemente mit zahlreichen Untergebenen vor. Das Wasser wird begleitet von drei Meerwundern, einem Schiffe mit vier Korallenfängern, drei Tritonen, vier Najaden und dem Brunnen Aon, und zum Schlusse kommt noch Neptun mit sechs Flüssen. Im Gefolge der Luft befinden sich drei „Meteora"; Hagel, Reif, Schnee, die vier Winde und vier Vögel. Hinter diesen Elementen kommt die Anwendung derselben. Irgend ein Ereigniß aus der alten Geschichte oder Sage, wobei Feuer, Luft, Wasser oder Erde bedeutend eingegriffen haben, wurde umständlich dargestellt. Vor dem großen Schlußtanz trat Atlas auf „auf seinen Schultern den Himmel haltend, dessen Sphaerac sich zirkelweise unaufhörlich bewegen, und sind darinnen die hellleuchtenden Körper der Sternen zu sehen. Er, der Atlas, aber fängt unter dem Klange einer ganz gelinden Musik an zu singen, sein Glückwünschungslied, worinnen er der Gestirne Frewde, so sie über Sr. Fürstlichen Durchlaucht Hocherspriehlichen Geburtstage geschöpfet, erkläret." — Das Lied des Atlas besteht aus zwölf sechszeiligen Strophen, die er unter „anmuthiger himmlischer Harmonie" absingt. Der ehrwürdige Titan mag verzeihen, wenn er uns dabei etwas lächerlich vorkommt.

Während nun in Wolfenbüttel und Braunschweig der französische Geschmack auf pomphafte Weise der dramatischen Kunst den Weg bahnte, hatte das deutsche Schauspiel noch eine andere Stätte im braunschweigischen Lande gefunden, und es ist uns von dorther ein interessantes Zeugniß erhalten, welches es ermöglicht, der stufenweisen Entwicklung ohne Unterbrechung nach allen Richtungen hin zu folgen.

Nach dem Tode des thatkräftigen Herzogs August von Braunschweig 1666, nahm dessen dritter Sohn Ferdinand Albrecht seinen Wohnsitz im Flecken Bevern und stiftete daselbst eine neue Nebenlinie, die schon im Jahre 1735 durch Ferdinand Albrecht II., welcher sich mit der Tochter Ludwig Rudolfs, der ohne Söhne gestorben war, vermählt hatte, zur Regierung des Landes kam. Ferdinand Albrecht I. hatte sich im fürstlichen Residenzschlosse zu Bevern ein Theater errichten lassen und pflegte Musik und dramatische Kunst mit besonderer Hingebung. Es existirt von dorther noch ein gedrucktes Theaterstück in mehreren Exemplaren, wovon eines die Wolfenbüttler Bibliothek, ein anderes Herr Registrator Sack in Braunschweig besitzt. Die nähere Betrachtung dieses interessanten Werkes wird uns den unverkennbaren Ursprung klar machen und zugleich darthun, daß man sich nicht zu verwundern hat, wenn bei Shakespeare mitunter ein derber Scherz unterläuft, den die jungfräuliche Königin Elisabeth mit ihrem steifen Hofstaate belachte. An den deutschen Fürstenhöfen war damals viel schlimmere Kurzweil im Schwunge, und es kommen in dem fraglichen Stücke, welches unverkennbar ein Seitenstück zu Shakespeares reizendem Lustspiele „Was Ihr wollt", und daher von doppeltem literarhistorischen Interesse ist, Dinge vor, die in unserer Zeit das Ohr einer Bauerndirne beleidigen würden.

Beide Lustspiele, das Shakespeare'sche sowohl wie das deutsche, scheinen nach einer und derselben Quelle behandelt zu sein, nämlich nach der englischen Novelle des Barnaby Rich: Von Apolonius und Silla, welche 1581 erschien. Somit haben wir hier das höchst interessante Beispiel einer ziemlich gleichzeitigen Bearbeitung eines und desselben Stoffes von Shakespeare und einem ungenannten deutschen Verfasser; ein Fall, der allerdings nicht der einzige dieser Art ist, aber doch bemerkt zu werden verdient.

Die deutsche Komödie ist betitelt: „Tugend und Liebesstreit, ein Freudenspiel," und wurde „an der Durchlauchtigsten Fürstin und Frauen, Frauen Christinen Herzoginn zu Braunschweig und Lüneburg, geborenen Landgräffinn zu Hessen, Fürstinn zu Hirsfeld, Gräffinn zu Catzenellenbogen, Diez, Ziegenhein, Nidda und Schaumburg, den 30. Weinmonats 1677 eingetretenen dreißigsten Geburts = Tage, auf gnädigsten Befehl, von dero Hoff= Musikanten, in dero neuerbauten Freud = und Trauer = Spielen Saal, und dessen neuer Schaubühne, aufgeführt und vorgestellt, in dem Fürstlichen Residentzschloß Bevern."

Die erste Scene vom ersten Acte dieses Freudenspiels beginnt damit, daß der Herzog Apolonius von Venedig sich beim König von Cypern, wo er zum Besuch gewesen, beurlaubt, um nach seiner Heimath zurückzukehren. Vergeblich versucht sowohl der König wie sein Sohn Silvius und seine Tochter Silla, den Gast zurückzu= halten. Es kommen dabei folgende Reden vor:

König. Vielleicht sind wir mit Ehrerbietung gegen Euch ge= ring gewesen? saget an! Wir wollen dessen Mangel ersetzen.

Apol. Den Ruhm derselben kan ich nicht genugsam auß= sprechen.

König. So haben unsere Tractamenten euch nicht gefallen?

Apol. Ach geliebter König, redet doch nicht solche unnöthige Worte, mir geschieht so viel Gutthat, das ich mich bemühen werde solches mit Dank zu ersetzen.

Der Herzog fühlt sich zu Silla hingezogen, da er jedoch in Venedig bereits eine andere Geliebte hat, so hält er es für das Beste, seinen Abschied zu beschleunigen, um so mehr, da auch Silla ihn zum Bleiben auffordert:

Silla. Durchläuchtiger Hertzog, weil ich dann sehe, daß mein Königl. Herr Vater wie auch Ihro Hoheit, als mein Herr Bru= der, Ihn nicht bewegen kan länger zu bleiben, so erkühne ich mich, denselben zu nöthigen, uns noch eine kleine Zeit die Ehre zu gönnen, damit die Freundschaft, so dieser Königl. Hoff gegen Ihn träget, sich recht kan sehen lassen, und ich hoffe, diese Bitte wird mir nicht abgeschlagen werden.

Apol. Unvergleichliche Princeſſin, ich wolte wünſchen, daß ich Sie vergnügen könnte, aber es kan nicht ſeyn, wiewohl es mir von Hertzen leyd, weil ich dero Befehl nicht nachkommen kan, lebe aber doch der ſichern Hoffnung, Ihre angeborne Tugenden werden meine Fehler bedecken.

Unterdeſſen tritt Pickelhäring, des Herzogs Diener, der seinen Herrn überall ſucht, auf und führt ſich ſogleich mit ſo unfläthigen Redensarten ein, daß es leider unmöglich iſt, etwas davon mitzutheilen. Nachdem er ſeinen Herrn gefunden, ermahnt er ihn, zu Schiffe zu gehen, da der Schiffmann nicht mehr länger warten wolle. Darauf kommt ein langes Geſpräch mit Pickelhäring, welches damit ſchließt, daß letzterer den Herzog fragt:

Pickelh. Herr Hertzog. Was iſt das für ein Vogel, es iſt gewiß eine Wachtel, denn wie ich ſehe, hat ſie keinen Schwantz.

Apol. Es iſt die Princeſſin von Cypern.

Pickelh. Oho! So kann ſie auch zittern, aber warum nicht lehern? Ich wolte, das ſie ein Floh wäre, und ſäſſe in meinem Bette, ich wolte ihr das Stechen wohl vertreiben. Aber ich muß doch gehen, mein Herr möchte mir ſonſt Beine machen. Herr Hertzog, ich wil zum Schiff gehen, und ſagen, das ihr bald nachkommen wolt. Wenn ihr aber lange auſſen bleibet, und der Wind und das Wetter gut iſt, ſo wil ich mich in das Schiff ſetzen, und Hertzog von Benedig, und ihr mein Diener Pickelhering werden. Nun ihr liederliche Majeſtät adjeu. (ab.)

Hierauf nimmt der Herzog Abſchied, nachdem er dem Könige noch vorher gelobt, ihm in allen Feindſeligkeiten mit 10,000 Mann zu Hilfe zu eilen, und einen Trompeter ausgeſchickt hat, welcher ausrufen muß, wofern ſich etwa arme Leute in Cypern fänden, die nach Benedig wollten, ſo ſollten ſie frei und ungehindert auf das Schiff genommen werden. Nachdem nun der Herzog weggegangen iſt und der König mit dem Prinzen ſich entfernt hat, entdeckt die Prinzessin Silla ihrer Dienerin Petrona, daß sie in Apolonius verliebt sei, und letztere giebt der Prinzessin den Rath, sich in Männerkleidern an Bord des nach Venedig segelnden Schiffes zu begeben, um von des Herzogs Erlaubniß zur freien Ueberfahrt Gebrauch zu machen. Die Prinzessin willigt ein und der erste Act schließt. Beim Beginn des zweiten Actes bringt der Prinz Silvius dem Könige, seinem Vater, die Nachricht, daß die Prinzessin Silla entflohen sei, der König erhebt heftige Klagen und der Prinz beschließt, seine Schwester aufzusuchen. Nach längerer Weigerung giebt der König endlich seine Zustimmung.

Darauf verändert sich die Scene und Silla nebst Petrona treten auf. Sie haben ihre Seereise beendet, sind unerkannt geblieben und hoffen nun die Stadt Venedig bald zu erreichen. Da kommt plötzlich aus dem Walde ein Satyr und ergreift trotz ihres Hilferufs und Jammers die Petrona, schleppt sie hinter die Scene und trägt sie gleich darauf mit zerrissenen Kleidern und blutend über das Theater, über welchen Anblick die Prinzessin in Ohnmacht fällt. Nun tritt Diana mit ihrem Jagdgefolge auf, um den Satyr zu verfolgen. Sie erblickt die ohnmächtige Prinzessin und nimmt sich ihrer an. Dann erscheint auch Venus mit ihrem Knaben und beide Göttinnen beschließen, der verirrten Silla beizustehn. Zuletzt erscheint der Petrona Geist und bietet sich der Prinzessin zum Führer nach Venedig an, worauf beide mit einander abgehen.

Zu Anfang des dritten Actes begehrt der Herzog Apolonius, seinen Diener Pickelhäring zu sprechen. Dieser tritt auf und nachdem ihm mehrere schlechte Streiche, die er während der Ueberfahrt begangen, vorgehalten worden, worüber er sich in seiner Art entschuldigt, giebt ihm der Herzog den Auftrag, zu seiner

Geliebten, Madam Aggalanta, Fräulein von Aragonien, zu
gehen und ihr einen Brief zu bringen. Der Name des Fräu=
leins giebt dem Pickelhäring Veranlassung zu Wortspielen, die
in ihrer Art komisch, dabei aber wieder so unfläthig sind, daß
wir nicht wagen dürfen, sie hier zu wiederholen. Kaum ist
Pickelhäring weggegangen, so tritt Aggalanta selbst auf, und
wir erfahren aus dem Gespräche, welches sie mit dem Herzoge
führt, daß sie dessen Neigung nicht theilt, ihn aber auch nicht
gerade zurückweisen will. Beide verlassen darauf die Scene und
Silla tritt in ihren Männerkleidern auf, mit der Absicht, einen
Pagendienst zu suchen. Sie begegnet dem Pickelhäring und es
entspinnt sich ein komisches Gespräch, welches mit einer Anrede des
Pickelhäring an die heirathslustigen Jungfern beginnt und damit
endet, daß Pickelhäring die Silla als Pagen in seinen Dienst nimmt.
Hierauf kommt der Herzog, findet an der verkleideten Silla Wohl=
gefallen und nachdem er seinen Diener fortgeschickt und erfahren
hat, daß der vermeintliche junge Mensch aus Cypern gebürtig
sei und Silvius heiße, nimmt er ihn in seine Dienste und
übergiebt ihm sogleich einen Brief nebst einem Ring, um diese
Liebeszeichen im Namen des Herzogs an Madam Aggalanta,
Fräulein von Aragonien, zu übergeben.

In der ersten Scene des vierten Actes kommt Silla's Bru=
der in derselben Kleidung wie Silla mit Julius, seinem Diener,
dem er Verschwiegenheit anräth und dem er einen Wechselbrief
giebt, auf den jener dreihundert Ducaten auszahlen lassen soll.
Beide gehen darauf ab und Silla tritt auf, um sich in einem
kurzen Monologe über ihre Lage und hoffnungslose Liebe aus=
zusprechen. Indem kommt Julius zurück, hält die Silla für
seinen Herrn, übergiebt ihr die dreihundert Ducaten und ent=
fernt sich — um die Goldwage zu holen. Nach einiger Zeit

tritt Julius mit der Goldwage auf, begegnet dem Silvius und behauptet, diesem die dreihundert Ducaten gegeben zu haben; diese Verwechslungen, welche durchaus an ähnliche Scenen in Shakespeares „Was Ihr wollt" erinnern, wiederholen sich und sind voll platter Späße und Ungereimtheiten.

Hierauf folgt die Zusammenkunft der Silla mit Aggalanta, wobei letztere erklärt, daß sie den Herzog Apolonius nicht liebe, wogegen sie dessen Boten, der verkleideten Silla also selbst, ihre Liebe mit komischer Zudringlichkeit anbietet. Silla weißt die Zärtlichkeit der Aggalanta zurück und diese giebt ihr den Auftrag, dem Herzoge zu sagen, daß er ihr alle Tage, alle Stunden, ja alle Augenblicke schreiben solle, nur damit sie seinen Boten zu sehen bekomme. Nachdem Silla abgegangen ist, hält Aggalanta folgenden Monolog:

Agalan. Komme wieder bald, mein Aufenthalt? (sanfte Music, und wird die hintere Guardine auffgezogen, in welcher ein Bette stehet.) Ach ihr Götter! Warumb habt ihr doch diesem Menschen einen so schönen Leib und hingegen ein Diamantenes Herz gegeben? Das er so gar keine Liebe erkennen, noch sich über mich Elende erbarmen kan. Nein, nein, Silvius, Du bist sonst ganz vollkommen, und warumb wolte dir dann der Himmel ein steinernes Herz gegeben haben? Deine edle Seele ist's, die mit mir den garaus machen wil. Aber allerliebster Silvius gedenke, daß es Dir kein Lob sein wird, wenn man saget, Du hast ein schwaches Weibsbild getödtet, doch will ich gerne sterben, wann Du es haben willst, als daß ich ohne Deine Genießung länger leben solte. Dieser Mörder verwundet zuvor mit seiner Schönheit, und alßdann tödtet er erst mit seiner Unbarmherzigkeit. O Ihr Götter! Warumb habt ihr ihm nicht seine Schönheit genommen, ehe ich Ihn gesehen oder seine Gestalt mit einem verliebten Herzen begabt, damit seine himmlische Schönheit auch zu genießen geweßt were.

Hierauf kommt der wahre Silvius und Agalanta ruft ihm entgegen:

Agalan. Aber! O Himmel! Hier kommt er schon wieder, vielleicht ist ihm meine Liebe unterwegs zu Herzen gangen. Willkommen Silvius mein Lieb!

Silvius. (heimlich) O Himmel was höre Ich!

Agalan. Setze doch Deine grausahme Unbarmherzigkeit an die Seite, und empfange meine Liebe mit diesem Kuß (küsset Ihn). O werthester Silvius!

Silvius. Was wil hieraus werden, dieser Kuß war annehmlich. Ich dorffte sie bald mit gleicher Münze bezahlen. Aber Sie sage mir, woher ist Ihr mein Name wissend?

Agalan. Du selbsten lieber Silvius hast mir denselben gesagt.

Silvius. Ich? schönstes Fräulein?

Agalan. Ich bitte, mein Kind, stelle Dich doch nicht frembd gegen mich, und höre doch auff mich länger zu quälen. Du allein kanst meine Liebes Wunde heylen, welche mir Deine Schönheit geschlagen.

Silvius. (heimlich) Ist dieses ein Traum, was ich höre, oder ist dieses Weibes Bild eine Circe welche mich trachtet zu bezaubern?

Agalan. Habet doch einmal Mitleyden mit meiner Quaal, und empfange dieses Hertz, welches sich so dehmütig gegen Dich stellet.

Silvius. Dieses Bild ist schön, ich bin ein Mann, und ihre liebliche Reden scheinen meine Sinnen zu verführen. Was begehret Sie dann, schöne Göttin von mir?

Agalan. Wie fragestu solches noch, Unbarmhertziger, hab ich Dir es nicht schon gesagt, ehe Du von hier giengest.

Silvius. (heimlich) Ihr Götter, was wil hierauß werden?

Agalan. Deine Gegenliebe, mein Engel, begehre ich.

Silvius. Diese Reden machen mich entzücket. Aber ist es Ernst, und schätzet Sie mich ihrer Liebe würdig.

Agalau. Weg mit solchen Reden. Hier in diesem Busen wohnt ein verliebtes Hertz, welches ich Dir zugleich mit diesem Ring verehre, was siehestu? nim ihn an.

Silvius. Mit Ehrerbietung nehm ich ihn an. Dieser Ring ist schön, und bei meinem Leben Sie ist noch schöner. Ist es Zauberey, oder was ist's? Sie wußte meinen Namen, ehe sie mich gesehen hatte. Es wohnt allhier gewiß einer, der mir gleichet, und

meinen Namen führet, und ohne Zweiffel von meinem Diener die
300 Ducaten empfangen. Denn mein Diener schwöret, daß er sie
entweder mir, oder einem, welcher meine Gestalt an sich genommen,
gegeben, auch ist mir seine Treue allzuwohl bekannt, und ist diese
Dame in denselben verliebt. So schwöre ich, weil sie mir wohlgefällt
und er mich umb das Geld gebracht, ich wil Ihn wiederumb die
Dame bringen. Schönstes Fräulein, weil sie es so begehrt, bin ich
bereit, der Standhaftigkeit zu begegnen.

Agalan. Nunmehr bin ich vergnügt.

Silvius. Und ich opfere Ihr auff ein treues und beständiges Hertz.

Agalan. Liebstes Bild.

Silvius. Weil Du wilt,

Agalan. Das ich soll,

Silvius. Liebens voll,

Agalan. Mit Dir scherzen,

Silvius. Mich auch herzen.

Agalan. So seis gewagt,

Silvius. Nur unverzagt.

Agalan. Du bist dann mein

Silvius. Ja freilich Dein.

Agalan. Komm meine Freud, erquick uns beyd,

Silvius. Gieb ohn Verdruß, mir einen Kuß.

Agalan. Ach! was fühle ich!

Silvius. Lab ferner Dich.

Agalan. Vor einen Brand.

Silvius. Ich bin Dein Pfand.

Agalan. Komm dann mit mir,

Silvius. O meine Zier!

Agalan. Diese ganze Sommer Nacht, wollen wir in Lieb
genießen,

Silvius. Wärens auch zwey Winternächt, es solt mich gar
nicht verdrießen. (abount)

Der fünfte Act wird eröffnet durch ein verliebtes Zwiegespräch
zwischen Silvius und Aggalanta. Darauf kommt eine höchst tri=
viale Scene zwischen Pickelhäring und einem Beutelschneider, wie

sie sich in sehr vielen dieser alten Komödien wiederholt. Gemeine Scherze und viele Prügel spielen darin die Hauptrolle. Hierauf folgt die letzte Scene, in welcher sich die vier Hauptpersonen gegenseitig erkennen und erklären. Die Schlußworte des Apolonius lauten:

Apol. Solche Freude sol nicht allein bey unserem jetzund bevorstehenden Beylager, sondern auch nach selbem, unauffhörlich zunehmen, weil sich alles so unverhofft glücklich zu einem guten Ende vollzogen. Nun spielet mit Music, Laßt Freuden-Lieder schallen. An allen Orten auch Carthaunen Stücke knallen. Laßt den Trompeten Klang auff's Beste stimmen ein. Die Hochzeit gehet an, wir wollen fröhlich seyn, —

Jeder Kenner der Shakespeare'schen Dramen wird die unverkennbare Aehnlichkeit, welche dies Freudenspiel mit dem Lustspiel „Was Ihr wollt" des englischen Dichters hat, bereits entdeckt haben. Prinzessin Silla ist dort Viola, ihr Bruder Silvius ist Violas Bruder Sebastian; Shakespeares Herzog Orsino ist hier Apolonius, und das Fräulein von Aragonien ist Shakespeares Gräfin Olivia.

Die Komik geht zwar in beiden Stücken einen ganz verschiedenen charakteristischen Weg, daß aber dem deutschen Autor die Shakespeare'schen Lustspiele, wahrscheinlich durch die englischen Komödianten am Wolfenbüttelschen Hofe, bekannt waren, beweist die erste Scene seines Stückes, wobei er ganz unzweifelhaft die erste Scene von Shakespeares „Wintermärchen" im Auge gehabt hat. Selbst die Stelle in dem deutschen Stücke, wo von den Tractamenten die Rede ist, erinnert lebhaft an folgende Stelle im Wintermärchen von Shakespeare:

Archidamus. Worin unsere Bewirthung uns beschämen sollte, das wird unsere Liebe entschuldigen. —

Auch die ganze Art, wie Leontes und Hermione in „Wintermärchen" den Polyxenes zurückhalten wollen, stimmt mit der ersten Scene unseres Freudenspiels genau überein. Vielleicht gehen wir nicht zu weit, wenn wir in dem Satyr, der die Petrona zerreißt, sowie in den Erscheinungen der Diana und Venus Anklänge an den Caliban und die Göttinnen in Shakespeares „Sturm" vermuthen.

Welch ein Abstand aber herrscht zwischen dem englischen Original und dieser Nachahmung! Die zartsinnige Sprache der Liebe bei Shakespeare's Viola ist hier zu einer gespreizten Redeweise geworden, worin von wahrer Empfindung keine Spur zurückblieb, der unvergleichliche Humor der komischen Gestalten des englischen Dichters hat den rohesten und plumpsten Späßen des Hanswurst Platz gemacht und alles dies am Hofe eines für die damalige Zeit kunstsinnigen Fürsten zur Geburtstagsfeier seiner Gemalin. Dabei darf jedoch nicht vergessen werden, daß damals noch keine Frauen auf der Bühne im Schauspiel mitwirkten und also auch in Bevern die Silvia und Aggalanta von Knaben dargestellt werden mußten.

In ähnlicher Weise wie es in diesem Freudenspiel zugeht, ging es denn auch an anderen Orten in den Trauerspielen der damaligen Zeit, den sogenannten Haupt- und Staatsactionen, zu. Da spreizte sich der rohe Ungeschmack mit den erborgten Fetzen ausländischer Productionen und es währte lange Zeit, bis der deutsche Geist alle diese fremden Stoffe in sich verarbeitet und das Beste daraus sich zugeeignet hatte. Ein Mischmasch von Bombast, Galimathias und pöbelhaften Scherzen, groteske Heldenfiguren und widernatürliche Abentheuer kennzeichnen die Werke aus dieser gährenden Periode, der wir übrigens die Keime zu mancher späteren Meisterleistung verdanken.

Die Schauspieler nannten sich damals nach ihren Rollen: Courtisan, Königsagent, Tyrannenagent, und diese Fächer wurden

ihnen je nach ihrer Befähigung zum Schreien oder Grimassen=
machen zuerkannt. Sie hielten streng auf ihre Namen und nie
durften die Lehrlinge sich dieselben anmaßen, wie benn überhaupt
ein zunftmäßiger Zuschnitt damals unter dem Komödiantenvölkchen
eingeführt war und die Meister sich durch große Strenge in
Respect zu setzen wußten.

Im Jahre 1692 wurde dem Courtisan Schernitzky, bei der
Veltheim'schen Truppe, in Hamburg das Abendmahl versagt und
dies war das erste Zeichen der feindseligen Haltung, welche die
Geistlichen gegen die Berufschauspieler hinfort annahmen. Bald
verweigerte man ihnen ein christliches Begräbniß und suchte sie
auf jede erdenkliche Art in der öffentlichen Achtung zu ver=
nichten.

Dritter Abschnitt.

Die erste italienische Oper und die Gesellschaft der Neuberin in Braunschweig.

Bald nachdem Herzog Anton Ulrich 1685 Mitregent seines Bruders Rudolf August geworden war, zeigte er sich nicht nur als Freund und Beschützer der Künste und Wissenschaften, sondern er trat selbst als Schriftsteller mit den beiden Romanen Aramena und Octavia auf, die zu ihrer Zeit großes Aufsehen machten. Durch seine Vorliebe für geschmackvolle Bauten und glänzende Hoffeste wurde dieser Fürst auch der Gründer eines neuen würdigen Tempels der dramatischen Kunst in seinem Lande. Nachdem er in Salzthal oder Salzdalum nach dem Muster des Versailler Schlosses ein Lustschloß hatte erbauen lassen, in welchem sich ein geschmackvolles Theater befand, engagirte er eine tüchtige Hofkapelle mit italienisch geschulten Sängern und Sängerinnen, unter denen sich einige der damals berühmtesten Künstler befanden. Die Vorstellungen dieser neuen Gesellschaft nahmen schon in den achtziger Jahren des 17. Jahrhunderts in Wolfenbüttel und Salzdalum ihren Anfang.

Zuerst nur zu dem Zwecke engagirt, um dem Fürsten und dem Hofe eine Unterhaltung zu gewähren, zog die Gesellschaft bereits in den neunziger Jahren des 17. Jahrhunderts, mehr noch unter Anton Ulrichs Nachfolger August Wilhelm, von der alljährlich zweimal in Braunschweig stattfindenden Messe den besten Vortheil.

Der Herzog ließ dort das Rathhaus im Hagen, welches, seitdem die Stadt im dreißigjährigen Kriege ihre großen mittelalterlichen Freiheiten verloren hatte, unbenutzt lag, zu einem fürstlichen Theater einrichten, auf welchem dann die herzogliche Hof=Opern=Gesellschaft während der Messe ihre Vorstellungen gab.

Die Glanzzeit dieser Oper fällt in die zwanziger Jahre des vorigen Jahrhunderts. Die ersten Männerrollen sang nach damaligem Gebrauche der berühmte Italiener Campioli, ein Castrat. Ein glänzendes Ballet war ebenfalls engagirt unter der Leitung eines französischen Tanzmeisters. Von 1722 bis 1724 war auch der berühmte Componist J. A. Hasse als Hof= und Theatersänger in Braunschweig. Hasse begann 1723 hier seine Laufbahn als Componist mit der Aufführung seiner ersten Oper „Antigonus." Nach ihm wurde 1725 der später hochgefeierte Carl Heinrich Graun als erster Tenorist berufen und ebenfalls zum Kapellmeister ernannt, bis er 1735 als Kammersänger in die Dienste des Kronprinzen von Preußen trat. Das Genie dieser ersten großen deutschen Tondichter ist unzweifelhaft durch die Italiener geweckt und gebildet worden. Zur selben Zeit war der Componist G. C. Schürmann lange Zeit ebenfalls als Sänger mit dem Titel Kapellmeister engagirt. Den Titel Kapellmeister konnte damals jedes ausgezeichnete Mitglied der Instrumental= oder Vocalkapelle erhalten; der Dirigent des Ganzen wurde Kapellbirector genannt. Im Gegensatze zur heutigen Zeit müssen jedoch alle Sänger früher gründliche Theoretiker gewesen sein, denn die drei zuletzt genannten waren zugleich Sänger und Componisten ersten Ranges.

Nach dem damals in Deutschland allgemein herrschenden Gebrauche waren es theils italienische, theils deutsche Opern, welche zur Aufführung kamen; letztere scheinen jedoch in Braunschweig vorzugsweise Anklang gefunden zu haben. Die Stoffe wurden meistens der Mythologie, dem griechischen und römischen Alterthum, oder der vaterländischen Geschichte mit Bezug auf das braunschweiger Haus entnommen. Die meisten dieser Opern scheinen Uebersetzungen französischer und italienischer Originale zu sein und erst gegen die Mitte des 18. Jahrhunderts finden wir solche Gegenstände wie „die Gütigkeit des Titus" u. s. w. auch in ursprünglich deutscher Bearbeitung. Von Verfassern solcher Texte in der antiken Richtung ist aus früherer Zeit der am Hofe zu Wolfenbüttel lebende Bressand bekannt; andere, die ihre Stoffe der mittelalterlich deutschen Geschichte entnahmen, sind namentlich Johann Samuel Müller und Johann Ulrich König; letzterer war geheimer Secretair und Hofpoete seiner königlichen Majestät in Polen und kurfürstlichen Durchlaucht zu Sachsen.

Die Opern dieser beiden letztgenannten Verfasser waren häufig ausschließlich für Braunschweig gedichtet und es wurden gewöhnlich zur Messe einige neue Werke einstudirt; theils waren es auch nur Gelegenheitsopern, um die Anwesenheit fürstlicher Gäste in Wolfenbüttel oder Braunschweig zu feiern.

Eine Oper, welche von dem Componisten G. C. Schürmann dem Kaiser Karl VI. und seiner Gemahlin Elisabeth, geborne Prinzessin von Braunschweig, den Eltern der Kaiserin Maria Theresia, gewidmet war, behandelte den Kampf Rudolphs

von Habsburg mit Ottokar von Böhmen. Den Text hatte
J. S. Müller verfaßt und die in der Oper vorkommenden Tänze
waren von dem herzoglichen Balletmeister Ernst August Jaime
arrangirt. Von dem Textbuche dieser Oper sind zwei poetische
Anreden abgedruckt, worin sich der Herzog Albrecht von Oester=
reich und seine Gemahlin Elisabeth in hochtrabenden Versen an
den Kaiser Karl VI. und seine Gemahlin wenden. Die Anrede
an Karl VI. hat einen originellen Schluß, der den allgemeinen
Wunsch ausspricht:

> Wenn ich Dir aber sol in allen Stücken weichen,
> So zeuge so wie ich viel Printzen Deinesgleichen.

Und diejenige an die Kaiserin:

> Wie ich inzwischen gern an Schönheit Dir will weichen,
> So wünsch ich, daß Du mir an Fruchtbarkeit magst gleichen.

Bei einer spätern Anwesenheit des Herzogs Franz von
Lothringen, nachmaligen Gemahls der Maria Theresia und
deutschen Kaisers, wurde vor der ersten Opera der Wintermesse
1732 auf dem Braunschweiger Theatro ein Prolog aufgeführt,
in welchem die Nymphen der Oker und der Donau das Lob
des hohen Gastes in emphatischen Worten sangen. Am 11. Fe=
bruar desselben Jahres reiste der Gast mit einigen Gliedern
der herzoglich braunschweigischen Familie nach Berlin, wo dann
die Verlobung des Kronprinzen, spätern Königs Friedrich II.
von Preußen, mit der Prinzessin Elisabeth Christine von
Braunschweig stattfand. Kurze Zeit vorher war auch die Ver=
lobung zwischen dem Erbprinzen Karl von Braunschweig
und der Prinzessin Philippine Charlotte von Preußen
geschlossen worden. Die Vermählungsfeierlichkeiten dieser beiden
hohen Paare gaben wiederum Veranlassung zu großen Festvor=

stellungen und der Hofpoet Grattinara dichtete dazu eine neue Oper „la conquista dell vello d'oro".

Es erscheint in der That etwas befremdend, wenn man sich die Thatsache vergegenwärtigt, daß die in damaliger Zeit außerordentlich zahlreich nach Braunschweig ziehenden Meßfremden am Abend, nachdem sie ihre Geschäfte beendigt hatten, eine Oper in dem strengen Stile der damaligen italienischen und deutschen Componisten anhörten und wir können uns heutzutage schwer das Interesse erklären, welches die hochtrabenden und gespreizten Reden im Texte erwecken konnten, auch ist es nicht leicht begreiflich, daß ein allgemeines Verständniß für die ruhige, ernste Richtung in den Compositionen der Italiener Fiorillo, Bononini, Orlandini, Lotti, und Paganelli, oder der deutschen Händel, Hasse, Graun, und später des herzoglich braunschweigischen Concertmeisters Verocai vorhanden war.

Vermuthlich werden jedoch Schürmann's volksthümliche Singspiele mehr Anklang gefunden haben als die gediegneren Werke Grauns und Händels. Sehr natürlich erscheint uns daher der außerordentliche Erfolg, den die von Schürmann componirte Oper „Heinrich der Vogler" in den Jahren von 1719 bis 1730 bei häufigen Wiederholungen fand. Dieser Erfolg muß in der That ein überaus günstiger gewesen sein, da der Verfasser des Textes, Johann Ulrich König, sich veranlaßt sah, einen zweiten Theil zu dichten, welcher, wie der erste, von dem herzoglich braunschweigischen Capellmeister Georg Caspar Schürmann in Musik gesetzt wurde. In der Vorrede zu diesem zweiten Theil entschuldigt sich der Verfasser, daß er dem allgemeinen Verlangen nach dieser Fortsetzung nicht schneller Folge geleistet habe; wir bezweifeln, daß ein gleich lebhaftes Verlangen nach einem dritten Theile laut geworden sein wird, da der zweite

bereits keine Spur mehr von der originellen Lebendigkeit des ersten
Theiles hat und sich ganz in der hergebrachten Eintönigkeit hohler
Phrasen bewegt.

König hat in seinem „Heinrich der Vogler", erster Theil,
den glücklichen Gedanken gehabt, dem Braunschweiger Meßpublicum
die Messe selbst auf dem Theater vorzuführen, was allerdings
auf einer Bühne, wo man bisher nur gewohnt war, die Klagen
der verlassenen Dido oder die Wuth der sich rächenden Medea
zu bewundern, wie ein erfrischender Hauch erschien und keinen
geringen Jubel hervorgerufen haben mag. Man war allerdings
gewohnt, auch komische Darstellungen, theils von Marionetten,
theils auch von deutschen Komödianten auf der kleinen Bühne,
welche der Kaffeewirth Wegner in seinem an der besten Meß=
gegend gelegnen Locale*) errichtet hatte, zu sehen, aber dahin zu
gehen gehörte nicht zum guten Ton und auf dem großen herzog=
lichen Theater erwartete man stets nur den erhabenen Schritt
und die abgemessene Redeweise der antiken Helden oder das
Gerassel der Ritter in Stahl und Eisen.

Die Komik des oft gegebenen Don Gisciotte und seines
derben Knappen Sancho Pansa hatte etwas Kaltes und Fremd=
artiges, während in „Heinrich der Vogler" das echt volksthümliche
Element mit einem unverkennbaren Anstrich von Hanswursterei
die Zuschauer anheimelte.

Die Handlung, welche dieser Oper zu Grunde liegt, ist in der
That reich an dramatischen Momenten, wenn auch die Charakter=
zeichnung noch ganz unvollkommen ist. Sie beginnt mit der
Scheidung Heinrichs von seiner ersten Gemahlin Hattburgis,
von der er sich auf Anstiften der Geistlichkeit trennt, und der

---

*) Der heutigen Westermann'schen Druckerei.

Neuvermählung desselben mit Mechtilde. Heinrich ist beiden Frauen geneigt, fühlt sich aber außerdem auch von der Anmuth und Schönheit eines Fischermädchens, Namens Adelheid, mächtig angezogen. Aus diesen Motiven entsteht nun die Verwicklung. Hattburgis und ihr Sohn Dankward vertreten das feindselige und leidenschaftliche Element und suchen sich zu rächen, Mechtilde ist die treue und vertrauensvolle Gattin, und Adelheid repräsentirt die naive Jungfräulichkeit. Ein Günstling und Vasall Heinrichs, Thietmar, Graf von Wettin, liebt Mechtilde und versucht es vergeblich im Verein mit Hattburgis und Dankward, ihre Treue gegen Heinrich wanken zu machen. Zum Schlusse entdeckt Mechtilde, daß Adelheid die natürliche Schwester ihres Gemahls ist, Heinrich erkennt dieselbe an und vermählt sie mit Eberhard, Herzog der Franken, während Hattburgis reumüthig Versöhnung sucht.

Der vermeintliche Bruder der Adelheid, Rudel, ein Fischerjunge, den Heinrich später in sein Gefolge als Jägerburschen aufnimmt, vertritt das komische Element im Stücke. Die Erwählung Heinrichs zum deutschen Kaiser giebt Veranlassung zu großen Aufzügen, und gegen den Schluß der zweiten Handlung finden sich die Hauptpersonen auf der Braunschweiger Messe zusammen, woselbst eine Anzahl Abgeordneter des Rathes der Stadt nebst einigen von der Brauergesellschaft den Kaiser um die Verleihung der Brauergerechtigkeit bitten. Der Kaiser bewilligt dies Gesuch und nachdem sämmtliche Anwesende sich entfernt haben, tritt Rudel ganz betrunken aus der Schenke, in der einen Hand eine Braunschweigsche Wurst, in der andern ein Glas Braunschweiger Mumme haltend, mit einem Jungen, der eine große Kanne Bier trägt. Nun folgt diejenige Scene, welcher die ganze Oper ihre Hauptwirkung verdankt. Rudel singt in plattdeutscher Mundart das folgende Lied:

Brönsewik, du leise Stadt
Vor vel dusend Städten,
Dei sau schöne Mumme hat
Da ick Worst kann freten,
Mumme schmeckt nochmal sau fien
Aß Tockey- un Mosler Wien,
Schlackworst füllt den Magen,
Mumme settet Neiren-Talg,
Kann bei Winne uht den Balg
Aß en Schnaps verjagen.

(Indem er trinkt, schreit ein Scheerenschleifer, welcher über das Theater kommt.)

Rudel spricht:
Halt's Maul! Du Schelm! und komm mir nicht zu nah!

Wenn ich gnurre, knse, brumm,
Schlepe meck mit Sorgen,
Ey so geft my gude Mumm
Bet taun lechten Morgen,
Mumme un ein Stümpel Worst
Kann den Hunger un den Dorst,
Ock de Venus-Grillen,
Kult, Podal un Tähne-Pien,
Sup ick tain half Stösken in,
Ogenblicklich stillen.

(Indem er nochmals trinkt, kommt eine Leierfrau, die er nachspottet und gleichfalls wegjagt.)

Brum brum! Sum sum! Hum hum!
Pack dich, du alte Wettermacherin!

Hinric mag dei Vöggel fangen,
Drosseln, Arthschen, Finken,
Lopen mit der Liemenstangen
Ick will Mumme drinken.
Vor de Schlackworst lat ick stahn
Sienen besten Uer-Hahn;
Kann ick Worst geneiten,
Seih ick my nah nist mehr um.

Lat darup fief Stöffen Mumm
Dör bei Kehle fleiten.

Ja, ja, du ehrliche Braunschweiger Mumm,
Du stärkst das Herz, machst du den Kopf gleich dumm.

(Indem schreit ein Hechelmacher, der vorbeigeht.) Rudel spricht immer betrunkener

Das war ein Schelm zu schreyen!
Spaziert der ganze Markt mit mir herum?

(Es kommt ein Raritätenkastenträger, der auch nach seiner Art ruft.)

Halt's Maul, du Dieb, halt's Maul!
Wie stehst du? Junge! sei doch nicht so faul,
Schenk ein, sonst will ich dir den Rücken bläuen.

(Es ruft ein Junge mit einem Murmelthier.)

Was für ein Schlingel ruft denn hier?
Komm her, du Murmelthier,
Mach deinen Kasten auf!

(Indem er nach dem Murmelthier sieht, zieht ihm ein Beutelschneider den Beutel aus der Tasche, welches er merkt und ihm nachjagt.)

O weh! ein Dieb! halt auf! lauf! lauf!

(Hierauf kommt ein ordentlicher Aufzug einer Bauernhochzeit mit Braut und Bräutigam, Hochzeitbittern und vorhergehenden Bergleuten mit ihrer gewöhnlichen Musik; bald hierauf kommt Rudel wieder zurück, den Spitzbuben vor sich herjagend und ruft immer:)

Lauf zu, wer kann! lauf! lauf!
Ein Gaudieb! halt! halt! auf!

(Die Hochzeitsgäste halten den Beutelschneider an; als sie auf ihn zuschlagen wollen, läßt er das Oberkleid fahren und präsentirt einen Harlequin, wozu einige Scaramuzen und Polichinellen kommen, welche mit den Hochzeitsgästen beiderlei Geschlechts ein großes Ballet formiren und die zweite Handlung beschließen. —)

Der Darsteller des Rudel scheint für jene Zeit ungefähr das gewesen zu sein, was wir einen Localkomiker nennen, freilich noch mit etwas starker Hinneigung zum Hanswurst, was sich namentlich im zweiten Theile der Oper an einigen ziemlich plumpen Späßen erkennen läßt.

Wir haben also in dieser Oper fast alle Elemente dramati=

scher Wirksamkeit vereinigt, das hochtragische Pathos in den fürstlichen Personen, das einfach natürliche in Adelheid und das derb Komische in Rudel. Alles dies war auch musikalisch ausgedrückt. Wenn wir nun dazu die großen Aufzüge des kaiserlichen Gefolges und der gefangenen Wenden, Dalmanzer und Sorben, das Jagdgesinde, das Ballet im buntesten Gemisch, so wie die Damen und Pagen; dann verschiedene Geistererscheinungen und allegorische Persönlichkeiten zählen, so muß man gestehen, daß die Mittel nicht gespart wurden. Die drei Abtheilungen der Oper waren wieder jede in vier veränderte Scenen getheilt, die bald einen Vorhof in der fürstlichen Burg Dankwarderode, bald einen Audienzsaal im Schlosse, bald ein lustiges Gebüsch außerhalb Braunschweigs, woselbst Heinrichs Vogelherd aufgestellt war, bald die Braunschweiger Messe mit Gewölben, Kramladen und Zelten vorstellten. Eine große Wirkung mögen wohl auch die Maschinen und Flugwerke hervorgebracht haben, durch welche Erscheinungen und Menschen, ja sogar ganze Gegenden mit Fontainen und Gebäuden emporgehoben und von der Bühne entführt wurden. Mit welchem Raffinement diese Maschinerien angewendet wurden, beweist der Umstand, daß während der Ouverture, sobald der Vorhang aufgezogen war, ein Flügelpferd, welches eben so wohl den Pegasus als das braunschweigische Wappen vorstellte, das Operntextbuch im Fluge an die herzogliche Loge brachte.

Von anderen Stoffen, die auf das locale Interesse Anspruch machen durften, sind noch zu nennen „Heinrich der Löwe" und „Egbert und Lotharius," welcher letztere Text die Sage vom Markgrafen Egbert auf Hohenwörde, dem jetzigen Eisenbüttel, behandelte. Jeder Geburtstag, jede Verlobung und Vermählung in der herzoglichen Familie, jedes politische Ereigniß von Bedeutung, wurde mit einer Opernvorstellung gefeiert. Von den Opern „Richard Löwenherz", „Admetus," „Parthenope," „Porus und Alexander" von Händel; „Artabanus" und „Cinna" von Graun, und vielen Hasse'schen Opern fanden oft wiederholte Aufführungen statt.

Die Vorstellungen dieser ersten Operngesellschaft währten in Wolfenbüttel und Salzdalum sowie alljährlich zu den Meßzeiten in Braunschweig bis gegen das Jahr 1750 ununterbrochen fort. In den letzten Jahren, nach dem Regierungsantritt des Herzogs Karl 1735, zeichneten sie sich noch besonders durch starkes Hervortreten der deutschen Richtung aus, nachdem die deutschen Componisten Händel, Hasse und Graun dem Zuge der Zeit gefolgt waren und durch nationale Schöpfungen die Werke der Italiener zu verdrängen suchten. Ueberhaupt scheint das Bedürfniß nach der Vorführung deutscher Werke sich besonders während der Messe, wo die Besucher aus allen Gauen des deutschen Vaterlandes in Braunschweig zusammenkamen und ein selbständiger Geschmack zu Tage trat, besonders geltend gemacht zu haben.

Als hierauf Herzog Karl die Residenz nach Braunschweig selbst verlegte, wurde die Gesellschaft aufgelöst.

Diese Blüthezeit des musikalischen Dramas war für das deutsche recitirende Schauspiel eine äußerlich sehr klägliche Periode. Die herumziehenden Marionettenspieler und ähnliche Künstlergesellschaften wucherten überall und zogen die große Masse des Volkes gewaltig an. Dies währte bis zu Anfang des 18. Jahrhunderts, als der Einfluß der französischen Tragödie, welche bereits auf der Höhe der Vollendung stand, einen Umschwung hervorrief, indem der einflußreiche Joh. Christ. Gottsched (geb. 1700) von Leipzig aus die trivialen Witze des gemüthlichen Hanswurst verdammte und als vollständiges Extrem den Kothurn des klassischen Trauerspiels und zugleich die französische Frivolität, welche schon gegen das Ende des siebzehnten Jahrhunderts in Christian Weise einen namhaften deutschen Vertreter gefunden hatte, einführte.

Diese neue Gottsched'sche Richtung wurde hauptsächlich durch die wandernde Schauspielprinzipalin Caroline Neuber verbreitet; sie hatte jedoch gerade in Braunschweig bereits ihre Vorläufer.

Schon lange vor Gottscheds Zeiten waren am Hofe zu Wolfenbüttel deutsche theatralische Vorstellungen nach französischen Mustern bei festlichen Gelegenheiten gegeben worden, und wie wir vorher die frühesten Nachahmungen der englischen Dramen in Bevern fanden, so begegnen wir nun den ersten Nachahmungen der französischen Tragödien und Singespiele, durch welche auch der Gebrauch von gemalten Decorationen und das Auftreten der Frauen eingeführt wurde, am Hofe zu Wolfenbüttel. Ein gedrucktes Zeugniß, das aus den ältesten Zeiten herrührt, in denen diese Kunstgattung überhaupt in Deutschland auftrat, ist noch vorhanden. Das Stück trägt folgenden Titel:

„Jakobs des Patriarchen Heyrath oder die Geschicht des bienenden Schäffers Jakobs, wie er sich mit den beyden Töchtern des Labans, der Lea und Rahel verpflichtet: In ein Singe-Spiel eingerichtet, und dem durchlauchtigsten Fürsten und Herren, Herrn Augusto, Herzogen zu Braunschweig und Lüneburg, Als Seine Fürstlich Durchlauchtigkeit, durch sonderbare göttliche Verleihung, den 10. Aprilis des 1662sten Jahres, nach Gottlob, geruhiger Hinterlegung des drey und Achtzigsten Jahres, ihres hochrühmlichen Fürstlichen Alters dero abermaln, = glücklich eingebrochenen (und zwar vier und Achtzigsten) Geburts-Tag, bey gesundem Fürstlichen Wolwesen, mit dero hohen Hauses, Länder und Leuten herzlicher

Vergnügung, zu des Allerhöchsten Ehre feyerlich begangen, Zur fröhlichen Glückwünschung, in Dero Residenz Wolfenbüttel auf dem Fürstlichen Saal, schuldigst und gehorsamst vorgestellet."

Diese Versuche blieben jedenfalls nur sehr vereinzelt, und man weiß kaum, ob sie für etwas anderes als mit Dialogen untermischte Opern gelten können. Später veranlaßte der Literaturfreund Herzog Anton Ulrich einige Uebersetzungen nach Corneille und Racine, welche F. C. Bressand in Wolfenbüttel besorgte und die vermuthlich dort auch bei Hofe aufgeführt wurden.

In der Stadt Braunschweig begegnen wir zuerst im Jahre 1711 dem Hochfürstlich Würtemberg'schen Prinzipale Christian Spiegelberg, dessen Truppe damals die merkwürdigsten, abenteurlichsten Züge bis nach Dänemark und Schweden unternahm. Der Herzog genehmigte das Gesuch des Spiegelberg und dieser spielte während der Messe.

Eine andere Truppe hielt sich 1722 in Braunschweig auf. Damals ließ sich der Hochedle Rath der Stadt noch viel Weihrauch streuen. Dies beweist ein Theaterzettel aus dem Jahre 1722, den ich hier vollständig folgen lasse:

„**Statua**
Oder:
Die in einen Marmor=Stein verliebte
Princeſſin Adamira,
Nebst einem Prologo.
Wurde in einer
Comoedie
Denen hoch= und Wohl=Edlen, Vesten, hoch= und Wohl=
gelehrten, hoch= und Wohl=Weisen Herren
Bürgermeistern und Rath der berühmten
Kauff= und Handels=Stadt Braunschweig,
Unsern hochgebietenden Großgünstigen Herren,
Vor alle empfangene Gunst und Gnaden=Bezeugungen

Von
Denen allhier anwesenden
Hoch-Fürstl. Sächs. Hildburgh. Hoff-
Comödianten,
Zu schuldigster Danksagung in Unterthänigkeit dediciret und präsentiret.
Heute Freitag den 18. September 1722. Zum letzten mahl.

ES hat die Flügl-Pferd, an ihren goldnen Wagen,
Die Phöbus selbst gespannt, und bringt herbeigetragen,
Den Tag der zeigen sol mit seinem hellen Licht,
Wie unsre Sinnen seynd zur Dankbarkeit gericht.
Auf! auf! ihr Gratien, umkränzet eure Glieder,
Kommt leget euch gebückt zu deren Füßen nieder,
Und grüßt in Demuth die durch unsern schwachen Mund,
Auf deren Gnad und Huld bestehet unser Grund.
Weil Eure hohe Gunst nicht sattsam ist zu preisen,
So müssen billig wir Euch unsre Väter heissen,
Die Ihr als Frembde uns mit Gnaden-Milch ernehret,
Und anheut unser Glück mit Ueberfluß vermehret.
Und ob wir gleich nicht Dank nach Würden können sagen,
Und uns die Krafft darzu zu reden wil behagen,
So nehmt in Demuth hier den guten Willen an,
Es reiche Euer Lob bis an die Sternen-Bahn.
Und blühe immerdar, es müsse nie vergehen,
Ein solches Regiment, so durch Euch kan bestehen.
Indessen preisen wir die Freuden-reichen Stunden,
Daß wir in dieser Stadt das Glück bisher gefunden,
Auch unsern Schau-Platz sich, Euer Gnaden-Aug gezeigt,
Wir rufen Vivat aus! bleibt ferner uns geneigt. —

Prologus.

Auf jeder Seiten des Theatri präsentiren sich zwei Pyramiden folgenden Inhalts:

Die erste Pyramide zur Rechten stellet vor die Göttin
Liberalitas, mit der Inscription:
Remuncrat Bonum.

Ich neig' das Scepter-Gold der Frommen zu verschonen,
Und ihnen mit viel Gut vor ihre Treu zu lohnen.

Die erste Pyramide linker Hand stellet vor:
Die Göttin Pallas, mit der Ueberschrift:
Pro Pace Colenda.
Ich such mein Regiment nicht anders zu verwalten,
Als Fried und Ruhe=Stand in der Stadt zu erhalten.

Die andere Pyramide rechter Hand stellt vor die Göttin Temis, mit der Ueberschrift:
Pro Lege Tuenda.
Ich wache vor das Recht Gesetze aufzurichten.
Und das, was streitig heißt, nach Billigkeit zu schlichten.

Die andere Pyramide linker Seite stellt vor die Göttin Justitia, mit der Ueberschrift:
Vindicat Malum.
Ich führe dieses Schwert, die Bösen abzustraffen,
Und jene Schlüssel=Wag, der Frommen Recht zu schaffen.

In der Mitte sieht man die feurigen Buchstaben:
Vivat Magistratus Brunsvicensis.

Hierauf kommt Fama und Mercurius in einer Wolke und statten ihre Glückwünsche ab.

Zuletzt folgt die Abdankung und ein curiöser Tanz.

☞ Ganz gewiß zum letzten mahl. ☜"

Alles dies steht, theilweise mit schönen Buchstaben verziert, auf dem Ankündigungszettel dieser Abschiedsvorstellung zu lesen.

Der Prinzipal dieser Hildburghausen'schen Komödiantengesellschaft, von der man jedoch nicht sagen kann, ob sie aus lebenden Personen oder aus Marionetten bestand, hieß Christoph Erhardt Werner.

Nur wenige Zeit darauf begann der Dresdner Prinzipal Hofmann, der Vorgänger der berühmten Neuberin, alljährlich die Messe in Braunschweig zu besuchen. Das Local, welches er benutzte, war die kleine Bühne, welche der Kaffeewirth Wegner in seinem großen Kaffeehause auf der breiten Straße hatte errichten lassen. Da nun die früher erwähnten Vorstellungen von regelmäßigen Theaterstücken am Hofe zu Wolfenbüttel stets nur von den fürstlichen Personen und deren Umgebung unter sich stattfanden, so wünschte später der Herzog Karl auch einmal einige dieser Stücke, welche Bressand und später Gottfried Lange in Wolfenbüttel übertragen hatten, durch die gerade anwesenden Dresdner Hofkomödianten auf dem großen Hoftheater aufgeführt zu wissen, und der fürstliche Wunsch ward zur Ausführung gebracht. Die ursprünglichen Verfasser der Stücke wurden auf den Zetteln nicht immer genannt; es waren meistens Tragödien nach Corneille und Komödien nach Molière.

Uebrigens mußte auch die Neuberin noch immer etwas von den alten bombastischen Stücken und extemporirten Burlesken auftischen; eine Concession, die der ungebildete Volksgeschmack verlangte. Während noch funfzig Jahre vor ihr die Frauenrollen von Knaben dargestellt wurden, mußte sie selbst in einer Haupt- und Staatsaction „Das Reich der Todten" die Rollen eines Jena'schen, Halle'schen und Wittenberger Studenten spielen. Es war zu ihrer Zeit schon haut gout geworden, Frauen in Knabenrollen zu sehen!

Die lustige Nachkomödie, welche später durch ein komisches Ballet zum Beschluß ersetzt wurde, erhielt sich lange Jahre hindurch im Gebrauch, doch bestand dieselbe nicht immer aus Harlequinaden, sondern zuweilen aus übersetzten Lustspielen, wie der nachfolgende Zettel beweist, auf welchem der George Dandin von Molière als Nachkomödie figurirt.

„Mit gnädigster Erlaubniß
Wird heute von denen
Königl. Pohln. und Chur=Fürstl. Sächsischen Teutschen
Hof=Comödianten
Ein Teutsches Schauspiel
vorgestellt werden,
genannt
Der großmüthige römische Bürgermeister Marcus Fabricius.

Personen:

Marcus Fabricius, Römischer Bürgermeister.
Pyrrhus, König von Epiro, unter dem Namen Cina's, seines Bothschafters.
Metellus, Römischer Feldherr.
Clelia, des Bürgermeisters Marcus Tochter und versprochene Braut des Metelli.
Antigone, Königs Ptolomäi in Egypten Stieftochter, des Pyrrhi erwählte Braut, unter dem Namen Lindora, der Clelia Bedient.
Arlequin, des Bürgermeisters Vertrauter und lustiger Diener.

Den Beschluß macht
Eine recht lustige Nach=Comödie,
So aus dem Französischen in's Teutsche übersetzt worden,
Genannt:
George Dandin,
Oder:
Der gutwillige Ehemann.

Personen:

George Dandin, ein reicher Bauer.
Angelica, des Dandins Frau und Sotawilens Tochter.
Herr von Sotawile, ein Edelmann.
Frau von Sotawile, dessen Frau.
Clitander, der Angelica Liebhaber.
Claudina, der Angelica Magd.
Arlequin, des Clitanders Diener.
Colin, Haus=Knecht des Dandin.

Der Schauplatz ist auf dem Braunschweigischen Theatro am Caffee-Hause, und wird praecise 6 Uhr angefangen. Das Einlaß-Geld ist in Parterre 4 Ggr. und auf den Mittelgange 6 Ggr. Die Logen sind besonders. Montags den 7. Sept. 1739."

Die Beziehungen der Neuberin zu Gottsched sind bekannt. Anfänglich seine treu ergebene Freundin und die Verbreiterin seiner Bestrebungen für die Regeneration des deutschen Theaters, wendete sie sich später von ihm ab und feindete ihn ebenso sehr an, wie es alle diejenigen thaten, welche, nachdem seine Bemühungen Früchte getragen hatten, seine Mängel erkennen gelernt und dabei vergessen hatten, daß sie doch selbst auf seinen Schultern standen. Gottscheds Verdienste um die deutsche Bühne heute noch verkennen zu wollen, würde thöricht sein. Nur einem so maßlos dictatorischen Geiste und pedantischen Menschen konnte die allgemeine Reinigung des in grenzenloser Willkür versunkenen Theaterwesens gelingen. Seine unmittelbaren Nachfolger, verletzt durch den schriftstellerischen Absolutismus, den er ausübte, verdammten ihn auf das heftigste und warfen mit seinen Schwächen auch seine guten Seiten über Bord.

Der Umschwung, der durch ihn eintrat, war eben ein so gewaltiger und die Zwischenzeit eines Menschenalters veränderte die geistige Anschauung so völlig von Grund aus, daß die auf ihn folgende Generation, im Gefühl des eignen selbständigen Werthes, seine Schwerfälligkeit leicht lächerlich finden konnte. Diese extreme Beurtheilung einzelner epochemachender Erscheinungen in der Kunst- und Literaturgeschichte, die anfänglich überschätzt und später verkannt wurden, wiederholte sich zu allen Zeiten. Gottscheds unbestreitbares Verdienst besteht darin, daß er die Rohheit der extemporirten Komödie verbannte und Ordnung auf der Bühne schuf. Andere hauchten dann seinen starren Formen wieder Leben ein. Seine Zeit verdankte ihm viel und erkannte dies. Als sein „sterbender Cato" ganz Deutschland entzückte, war dieser Enthusiasmus unendlich fruchtbringend für die Zukunft der dramatischen Kunst überhaupt. In einem Briefe aus Braunschweig vom 16. Februar 1735 schreibt die Neuberin nach Leipzig an ihren gelehrten Gönner: „Der Cato wird mit großer Pracht und Herrlichkeit auf dem großen Operntheater unter angezündeten Wachslichtern durch das ganze Theater vorgestellt werden und die Musici von der ganzen herzoglichen Kapelle werden sich hören lassen."

So wurde also diesem zu seiner Zeit außerordentlichen Werke Gottscheds vom Herzoge Ludwig Rudolf die besondere Auszeichnung einer Aufführung auf dem großen Hof=Operntheater zu Theil.

Vierter Abschnitt.

Die Wandertruppen und der Impressario Nicolini.

Im Jahre 1745 folgte die Schönemann'sche Schauspielergesellschaft, welche Schönemann am 15. Januar 1740 in Lüneburg gebildet hatte, der Neuber'schen in Braunschweig, und gab ebenfalls auf der kleinen Bühne des erwähnten Kaffeehauses während der Messe ihre täglichen Vorstellungen, deren Ankündigungen sich noch wenig von den vorhergegangenen unterscheiden. Auch die Eintrittspreise sind dieselben. Einer der Zettel aus dieser Zeit lautet:

„Mit gnädigster Erlaubniß
Wird heute auf der
Von Ihro Königl. Majestät in Preussen privilegirten
Schönemann'schen
Schaubühne
Auf dem Comödientheater am Caffeehause allhier
Ein aus dem Französischen des Herrn von Voltairo übersetztes
Schauspiel,
Oedipp, der unwissende
Vatermörder,
vorgestellt werden.
Dieses Stück hat sowohl im Französischen als Deutschen jederzeit besonderen Beifall erhalten.
Personen:
Oedipp, König in Theben.
Jocasta, Königin in Theben.

Philoctet, Prinz von Eubea.
Der Erzpriester.
Egine, Vertraute der Königin.
Dinas, Freund des Philoctets.
Phorbas, ein alter Thebaner.
Icar, ein alter Chorinter.
Einige Priester.
Der Schauplatz stellet vorn den Vorhof, und hinten den Tempel zu Theben, nebst einer Versammlung dessen Einwohner vor.

Den Beschluß macht ein sehr lustiges Nachspiel,

Arlekin,

der unwissende Schulmeister,

Oder:

Das verliebte Schusterließchen.

Nebst einem Tanze von 4 Schuhknechten.

Wer sich bei dem Eingange nicht aufhalten will, kann am Neuen= Wege bei dem Sattler Stövesand des Nachmittags um 4 Uhr Billette abholen lassen.

Der Anfang ist um halb 6 Uhr. Die Person zahlet auf dem Mittel= gange 6 Ggr. und auf dem Parterre 4 Ggr. Die Logen sind besonders.

Freitags den 9. September 1745."

Der Schönemann'schen Gesellschaft, welche anfänglich nur aus elf Personen bestand, gehörte auch Conrad Eckhof an, der 1720 als der Sohn eines Stadtsoldaten in Hamburg geboren wurde, und die erste bedeutende Persönlichkeit ist, welche selb= ständig in der deutschen Theatergeschichte auftaucht. Die Gesellschaft vereinigte die berühmtesten Namen aus dieser ersten großen Zeit der deutschen Theatergeschichte. Schönemann selbst, Eckhof, Ackermann, Frau Schroeder und mehrere andere der reno= mirtesten Darsteller wirkten zusammen. Wir können uns den Enthusiasmus leicht denken, den damals die Aufführungen von deutschen und französischen Tragödien hervorriefen. Im Jahre 1756 wurde denn auch die Lessing'sche Tragödie „Miß Sara Sampson" zum erstenmale in Braunschweig gegeben.

Von der Schönemann'schen Gesellschaft zweigte sich später die Ackermann'sche ab. Ackermann heirathete Madame Schroeder und wurde so der Stiefvater des berühmten Friedrich Schroeder, dessen Lebenslauf die höchst interessante Entwicklung von einer zügellos übersprudelnden Jugend bis zur klar und tüchtig gesinnten Männlichkeit zeigt. Schroeders Freund Meyer hat dies Leben aus den Tagebüchern des großen Schauspielers zusammengestellt und läßt uns einen genauen Einblick in dasselbe thun.

Während das deutsche Schauspiel in Braunschweig auf der kleinen Bühne des Kaffeehauses sich kümmerlich forthalf, war die italienische Oper ebenfalls in ein anderes Stadium getreten. Herzog Carl hatte den bisherigen Bestand aufgelöst und den Impressario Nicolini als Director berufen. Dieser engagirte eine neue Gesellschaft von Sängern und Sängerinnen, mit welcher er die äußerlich glänzendste Periode des Braunschweiger Theaters herbeiführte. Nicolini wußte die Prachtliebe und Freigebigkeit des Herzogs gehörig auszubeuten und schaffte nach und nach die kostbarste Garderobe und die prachtvollsten Decorationen an, zu deren Herstellung fremde Maler mit großen Summen herbeigezogen wurden. Die Vorliebe für das Theater, vom Hofe ausgehend, griff so sehr um sich, daß Nicolini den Herzog bewog, noch ein zweites kleineres Schauspielhaus zu errichten, welches denn auch im Jahre 1749 auf dem Burgplatze, der Domkirche gegenüber*), ausgeführt wurde. Dieses Theater nannte man das Pantomimentheater, weil anfänglich eine Gattung pantomimisch-bramatischer Productionen, welche Nicolini von Italien her kannte, hier dargestellt wurde. Diese in Deutschland neue Art von Schauspielen kam von Braunschweig aus in Mode

---

*) Wo jetzt das Vieweg'sche Haus steht.

und ward häufig in anderen Städten nachgeahmt; es hieß alsdann bei den Ankündigungen stets: „Nach Art des berühmten Herrn Nicolini." Jedenfalls hat Nicolini das positive Verdienst, den Sinn für effectvolle Ausstattung und Theatermalerei in Deutschland geweckt zu haben.

Uebrigens kann man nichts Sinn- und Geschmackloseres finden, als die noch vorhandenen Programme seiner italienischen Pantomimen, bei welchen nur äußere Mittel, wie Garderobe, Decoration, Erscheinung, Dreistigkeit und gewagte Verrenkungen, auf das übersättigte Publicum wirkten. Der Besuch der Pantomimenvorstellungen ward fast nur als Angelegenheit der feinen Gesellschaft betrachtet. Außer den Meßzeiten war der Eintritt gegen Vorzeigung einer Erlaubnißkarte frei, wobei jedoch die Galakleidung vorgeschrieben war, ohne welche kein Besucher zugelassen wurde. Viele dieser Pantomimen wurden nur von Kindern dargestellt und Herr Nicolini soll es sehr wohl verstanden haben, diesen armen Creaturen, durch strenges Regiment mit Begleitung der Karbatsche, Grazie und Geschicklichkeit beizubringen.

Jedenfalls gelang es Nicolini vortrefflich, dem Hofe und dem Publicum Abwechselung zu verschaffen. Er zog zu den Meßzeiten zuweilen französische Komödianten, welche die von Friedrich dem Großen angeregte Gallomanie in Norddeutschland ausbeuteten, nach Braunschweig, und ließ sich später durch den immer mehr hervortretenden Geschmack des Publicums an der deutschen Schauspielkunst bewegen, im Jahre 1763 die Ackermann'sche Gesellschaft zu engagiren.

Im Jahre 1742 war der berühmte Abt Jerusalem vom Herzog Carl als Erzieher des Erbprinzen Carl Wilhelm Ferdinand nach Wolfenbüttel berufen worden. Das Haus Braunschweig hatte damals eine überaus glänzende Verwandtschaft unter den größeren Regentenhäusern Europas. Carls eigene Gemahlin war die Schwester Friedrichs des Großen, dessen Gemahlin wieder die Schwester vom Herzog Carl war, außerdem war er durch die Töchter seines Oheims, Ludwig Rudolf, mit dem deutschen und russischen Kaiserhause nahe verwandt und durch seine zweite Schwester mit dem Könige von Dänemark verschwägert. Der Umstand, daß Friedrich der Große die Entfaltung des deutschen Geistes ignorirte, während seine unglückliche Gemahlin sich den deutschen Bestrebungen zuneigte, war gewiß für Herzog Carl ein Grund mehr, als Beschützer deutscher Kunst und Wissenschaft aufzutreten, und es nimmt uns nach all diesem nicht mehr Wunder, daß Carls Tochter, Amalie von Weimar, später die Freundin und Gönnerin der größten deutschen Dichter geworden ist.

Am 5. Juli 1745 wurde das Collegium Carolinum, dessen Gründung ein Hauptverdienst des Herzogs Carl bleibt, eröffnet. Jerusalem, welchem die Organisation der Anstalt übertragen war, hatte zu Lehrern an derselben mehrere der tüchtigsten Gelehrten, die sämmtlich einer fortschreitenden Richtung angehörten, gewonnen und darunter befanden sich denn auch einige, die auf die Entwicklung der dramatischen Poesie von Einfluß waren. Eschenburg namentlich hat sich als Uebersetzer Shakespeares ein namhaftes Verdienst erworben.

War die Berufung mehrerer gediegener Männer — man hatte sogar an Klopstock und Mendelssohn dabei gedacht — für die Förderung des geistigen Lebens in Braunschweig von günstigem Einfluß, so wurde die Verlegung der Residenz von Wolfenbüttel nach Braunschweig, welche 1753 stattfand, dies für die Folge in noch höherem Grade.

Im Jahre 1763 war also, wie schon erwähnt, die durch ganz Nord- und Westdeutschland wandernde Ackermann'sche

Gesellschaft durch Nicolini für die Sommermesse in Braunschweig auf zwei Monate engagirt worden. Die Aussichten und Bedingungen, welche der begünstigte Braunschweiger Impressario stellte, waren so gering, daß viele Mitglieder die Gesellschaft verließen. Am 18. Juli ward in Braunschweig mit der „Iphigenie" begonnen, worauf ein Ballet folgte, in welchem der große Schroeder als Tänzer excellirte. Schroeder hielt damals das Ballet für die Hauptaufgabe seines Lebens und als im Jahre 1767 der Versuch gemacht wurde, die Ackermann'sche Gesellschaft in Hamburg zu stabiliren und das Ballet wegfallen sollte, war Schroeder hierüber so entrüstet, daß er die Truppe verließ. Bei diesem ersten Aufenthalte der Ackermann'schen Gesellschaft in Braunschweig wurde auch das vom Prinzen Friedrich von Braunschweig nach dem Französischen bearbeitete Lustspiel „Glücklicherweise" aufgeführt.

Der junge Schroeder führte in Braunschweig dasselbe extravagante Leben fort, welches er anderwärts begonnen hatte. Er war ein heiterer Gesellschafter und namentlich bei den Offizieren sehr beliebt. Als Meister im Billardspiel gewann er viel Geld; in Arroganz und Unverträglichkeit kam ihm Niemand gleich und dabei verdrehte er allen Frauenzimmern die Köpfe. Folgender Vorfall charakterisirt Schroeder und das damalige Braunschweigische Theaterleben zu genau, als daß er nicht hier nacherzählt werden müßte.

Als am dritten September Morgens Ackermann den versammelten Schauspielern die Austheilung der künftigen Vorstellungen angab, meinte Schroeder, das Schulze'sche Ballet, die Seiler, in welchem der erste Tänzer in einen Koben springen und mit den Schweinen grunzen mußte, schicke sich nicht, dem Hofe vorgestellt zu werden. Ackermann war empfindlich, heftig, fand Widerspruch, schlug nach dem Widersprecher, und dieser, der alle Fassung verlor, zog den Degen zu seiner Vertheidigung. Natürlich wurden beide von einander gehalten, und Schroeder ging nach Hause, fest entschlossen, die Gesellschaft zu verlassen. Während er seine Sachen zusammenpackte, trat ein Unteroffizier mit vier Mann herein, denen sich nicht widerstehen ließ. Diese führten ihn auf die nahgelegene Bürgerwache. Der Offizier, den er dort vorfand, ein Bekannter, wollte sich über den Vorfall, den er in keinem grellen Licht ansah, halb todt lachen, und freute sich, einen Gesellschafter für den Abend gewonnen zu haben. Nach einer halben Stunde trat er jedoch bestürzt herein, und sagte, er bekomme soeben Befehl, Schroedern nach dem Stockhause zu schicken, wo er in das Criminalgefängniß gebracht und geschlossen werden solle. Diese Strenge kam vom Herzog selbst, dem Nicolini auf Ackermanns Klage berichtet hatte, Schroeder habe sich seiner Pflicht mit gezogenem Degen widersetzt, und wolle die Flucht ergreifen, wodurch die ganze Gesellschaft gesprengt werden müßte. Der Offizier konnte nichts für Schroeder thun oder erdenken, als den heilsamen Rath, er möge gleich beim Eintritt in's Gefängniß dem Wärter einen Thaler in die Hand drücken. Um Mittag mußte Schroeder, mit Wache begleitet, den langen Gang durch die Stadt antreten. Vergebens hielt er ein Tuch vor's Gesicht. Der Pöbel rief um ihn her: „Da gehen sie mit Petern hin! Was mag Peter angestellt haben!" Schroeder wurde nämlich vom Publicum nach einer Rolle im „Bramarbas" „Peter" genannt. Aber nichts glich seiner Wuth, als er die Gesellschaft erblickte, in die man ihn verstieß. Ein halbes Dutzend Weiber und eben so viel Kerle, in Ketten geschlossen, alle für Zuchthaus und Staubbesen bestimmt. Sie bewillkommten ihn mit höllischem Gelächter, und brachten ihn durch nie gehörte Scherze zum Erröthen. Scharfe Drohungen des Wächters schafften ihm Ruhe, und der Thaler ein paar Ketten, die sich in der Nacht abstreifen ließen. Er warf sich auf das Stroh einer abgesonderten Pritsche. Am Abend weigerte sich der Gefangenwärter, ihm für Geld Essen zu besorgen, und erklärte, er dürfe nicht wagen, ihm etwas Anderes als Brod und Wasser zu reichen. Doch überbrachte er die Grüße verschiedener Offiziere, die ihm sagen ließen, die Sache habe nicht viel zu bedeuten. Schroeder mußte sich die Foppereien seiner neuen Kameraden gefallen lassen, und fand keinen Augenblick Schlaf. Tags darauf war er gefaßter, theilte einige Thaler unter den Mitgefangenen aus, wodurch sie ruhiger wurden, und verzehrte sein Wasser und Brod. Am Abend ließ sich der Kerkermeister bereden, ihm auf seinem Zimmer eine halbe Flasche Wein vorzusetzen, und er entschlummerte auf seiner Pritsche.

Am dritten Tage kam Nicolinis Secretär, um mit Schroeder zu reden, er durfte ihm aber nicht nahe kommen, wenn er nicht von seinen Ketten getroffen werden wollte und vernahm nichts als Schimpfreden gegen seinen Herrn und die Forderung, vor Gericht gestellt zu werden. Seit dem vierten Tage entschloß sich der Gefangenwärter, der halben Flasche Wein ein Gericht warmes Essen hinzuzufügen. Am fünften Tage gegen Abend trat ein Offizier in des Kerkermeisters Zimmer, und berichtete seinem Freunde, die Mehrheit des Publicums sei für ihn gestimmt, und der aufgebrachte Herzog werde sich bloß durch Ackermann's Fürbitte besänftigen lassen. Diese zu erbitten wollte sich Schroeder jedoch nicht herablassen. Tags darauf erfolgte ein Brief von seiner Mutter, die ihm, nach hergebrachter Weise, ihren Fluch verkündigte, wenn er sich nicht unterwürfe. Er antwortete ehrfurchtsvoll aber fest, er sei zu tief beleidigt und zu unbillig gekränkt, um Versöhnung zu wünschen oder Unterwerfung für seine

Pflicht zu halten, und die Länge seiner Einkerkerung werde diese Ueberzeugung nicht ändern. Nach einigen Tagen kam ein zweiter minder heftiger Brief seiner Mutter, den er durch Wiederholungen seiner Gesinnungen erwiederte. Kurz darauf kam sein Freund, der Offizier, aus dem Schauspiel mit der Nachricht zu ihm, ein neues Ballet, „die Hofdiebe", habe mißfallen, und Nicolini sehe Schröders lange Abwesenheit von der Bühne sehr ungern. Nachdem Schroeder neunzehn Tage im Stockhause gesessen, erschien Nicolini's Secretär, ließ ihm die Ketten abnehmen, und kündigte ihm an, Nicolini und Ackermann hätten seine Freilassung beim Herzoge erbeten, er aber habe Befehl, Schroeder zu seinem Vater zu führen, und beider Aussöhnung zu bewirken. Schroeder antwortete nichts, gab dem Wärter ein Trinkgeld, und eilte, seinem schwerfälligen Begleiter unerreichbar, nach dem Schlosse. Der Herzog begegnete ihm. Schroeder redete ihn an, und begann seine Rechtfertigkeit mit Heftigkeit. Der Fürst unterbrach ihn strenge: „Er ist ein böser Bube. Geh' Er! Bitt' Er seinen Vater um Verzeihung!" Nie zuvor hatte ihn der Herzog „Er" genannt. Schroeder sah ihm versteinert nach und ging in sein Quartier. Die Wirthin sagte ihm, sie habe den Schlüssel seines Zimmers seinen Eltern ausliefern müssen. Er hatte freilich noch etwa funfzehn Louisdor in der Tasche, wollte jedoch seine Sachen, besonders die Musikalien, nicht gern aufgeben, begriff auch wohl, eine heimliche Entfernung könne, bei der Stimmung des Herzogs, schlimme Folgen herbeiführen, und entschloß sich, seine Mutter aufzusuchen. Diese ließ ihn wissen, sie könne ihn nicht sehen, bis er Ackermann — so nannte sie ihren Gatten immer — gesprochen habe. Schnell trat Schroeder zu diesem in's Zimmer, fand ihn nach der Mahlzeit auf einem Sofa ruhend, und wie gewöhnlich, eine Pfeife rauchend, die er langsam weglegte. Nach einer kurzen Pause fing Schroeder an: „Meine Mutter will, ich soll Sie um Verzeihung bitten. Ich kann das nicht. Das Recht ist auf meiner Seite." Ackermann erwiederte mit Thränen in den Augen: „Fritz! habe ich das um Dich verdient?" Weg war Schroeder's Fassung, er küßte seinem Vater die Hand ohne ein Wort zu sprechen. Dieser schloß ihn herzlich in seine Arme, und sagte: „Junge, sei doch nicht so wild! Du wirst gewiß noch unglücklich." — „Hätten Sie," fragte ihn Schroeder besonnen, „sich vom Stiefvater schlagen lassen?" — Ackermann: „Bin ich nicht der Mann Deiner Mutter? Hab' ich je zwischen Dir und meinen Kindern einen Unterschied gemacht? Gebührt es dem siebzehnjährigen Jungen nachzugeben oder dem Vater?" Schroeder bestand auf der Zusicherung, daß Ackermann nie handgreiflich mit ihm reden wolle, und, als dieser sich darauf nicht einließ, auf seinem Abgang, sobald die Gesellschaft Braunschweig verließe. „Hier ist der Schlüssel Deines Zimmers", antwortete Ackermann. „Handle nach Deinem Gewissen, ich will Dich nicht halten. Gott hat mir oft geholfen, er wird es auch ferner thun." So schieden beide, nicht ganz zufrieden, beide tief gerührt. Die Mutter, der Schroeder den Vorgang erzählte, erklärte sich beinahe ebenso: „Kannst Du die Schändlichkeit, uns jetzt zu verlassen vor Dir selbst verantworten, so will ich Dich ebensowenig zurückhalten, als Ackermann." — Als Schroeder zuerst wieder auftrat, empfing ihn lang anhaltendes Klatschen. Schon zwei Tage früher wurde ihm eine Erhöhung seines Wochengehalts angewiesen; er erwähnte seines Abgangs nicht ferner und ging mit der Gesellschaft bald darauf nach Hannover.

Im Jahre 1764 erschien die Ackermann'sche Gesellschaft wieder in Braunschweig, spielte aber nur vom 26. Juli bis zum 29. August. Sie debütirte mit Lessings: Miß Sara Sampson. — Eckhofs Mellefont gefiel theilweise. Im Ganzen wollte dieser Künstler indeß hier minder, als an anderen Orten ansprechen; er füllte wenigstens, wie man zu sagen pflegt, die Casse niemals. Schroeder schreibt dies auf Rechnung der französischen Manier, an welche man in Braunschweig gewöhnt war, und die mit Eckhofs natürlichem Spiele im Widerspruche stand. Wie es wahrscheinlicher ist, hatte der Umstand, daß Schroeder, der stets mit Eckhof rivalisirte, in Braunschweig großen Anhang fand, mehr Einfluß auf Eckhofs geringe Anerkennung, als recht und billig war.

Als die Ackermann'sche Gesellschaft (1767 — 69) von den Unternehmern des ersten deutschen Nationaltheaters zu Hamburg, wobei Lessing als Dramaturg angestellt war, für die dortige Bühne gewonnen wurde, zog der Prinzipal Franz Schuch der jüngere Braunschweig in seinen Wanderkreis. Diese Königlich Preußische Komödiantentruppe, welche der berühmte Schuch der ältere früher gebildet hatte, spielte im kleinen fürstlichen Theater. Ein Zettel von ihr lautet:

Heute Montags den 9ten Januar 1769
wird die
Königlich GENERAL-PRIVILEGIRTE
Schuchische Gesellschaft
deutscher Schauspieler
Aufführen
Ein von dem berühmten Herrn Weisse in Leipzig verfertigtes und allerorten mit dem größten Beyfall aufgenommenes großes
Trauer-Spiel,
genannt
Crispus,
In Versen und 5 Aufzügen.
Personen:
Constantin der Große.
Crispus.
Lactanz, gewesener Lehrmeister des Crispus.

Licin der jüngere, Neffe des Kaisers, ein gefangener Prinz.
Ruffin, ein Officier von der Leibwache.
Fausta, des Kaisers Constantins Gemahlin.
Helena, Prinzessin, Tochter des Robogifus, eines Gotischen Königs, in der Gefangenschaft am Hofe des Constantins.

(Der Schauplatz ist auf einem Schlosse der Fausta in Puteolis.)

Nachricht.

Die Liebe als die Haupteidenschaft der Menschen, ist öfters sowohl die Triebfeder zu den größten Handlungen, als zu den schändlichsten Ausschweifungen gewesen. Sobald der thierische Trieb und das sinnliche Vergnügen sich die Vernunft unterwürfig macht, so entstehen aus dieser Sklaverei hundert Verwirrungen, die das am festesten zusammengekettete Tugendsistem wie ein Spinnengewebe zerreißen. Die unglückliche Fausta bestätigt dieses in dem heutigen Stück. Ihr Tugendhafter Stiefsohn Crispus, wird der Gegenstand ihrer unerlaubten Neigung. So sträflich diese an und vor sich ist, so sehr hat der berühmte Verfasser dieses Stücks sich bemühet, den Ursprung dieser Glut aus einem edlen Gesichtspunkte zu betrachten. Er läßt nämlich den Crispus als einen Sänger auftreten, und da sein Vater ihn zum Cäsar neben sich ernannt, seinem Stiefbruder zugleich die Würde eines Mitregenten erbitten, durch welche Großmuth Fausta so gerührt wird, daß sie ihn umarmt, und dadurch den ersten Funken zu der Liebe empfängt, welche nachgehends in so strafbare Flammen bei ihr ausartet. Der Joseph ähnliche Crispus wird das Opfer seiner Stiefmutter, und die verschmähte Liebe verwandelt sich in Rache. Helena ist zugleich als eine Geliebte des Crispus geschildert, welche die Fausta, so wie der alte Constantin den jungen Crispus contrastirt. Der Kirchenvater Lactanz macht die Moral zu dieser Fabel, welche aus der wirklichen Geschichte genommen ist.

Den Beschluß macht:
Fräulein von Ueberklug und Herr Gleichzu.
Eine ganz neue Operette von zween Acten.
Die Musik ist vom Herrn Frisch.
Die Bücher sind wie gewöhnlich zu haben.
Nach dem ersten Acte der Operette folgt ein Ballet.

Da nunmehro unser ganzes Werk wieder beysammen, und wir dem Publico mit Schauspielen, Singspielen und Ballets abwechselnd aufwarten können, so sehen wir uns genöthigt, die Preiße der Plätze wieder auf den alten Fuß zu setzen. Die Person zahlet also auf dem Parquet 12 Gr., auf dem Parterre 8 Gr. und auf der Gallerie 4 Gr. Eine Loge auf 4 Personen kostet 3 Thlr., einzelne Personen zahlen 10 Gr.

NB. Wegen Länge der heutigen Stücke ist der Anfang mit dem Glockenschlage 5 Uhr.

Schuch kam nicht wieder; wahrscheinlich war er nur auf besondere Veranlassung durch Nicolini zu diesem einmaligen Versuch gewonnen worden.

Vom 15. März bis zum 15. September 1769 war Ackermann, nach dem verunglückten Hamburger Versuche zur Errichtung einer stehenden Bühne, abermals in Braunschweig anwesend; man brachte Lessings „Minna von Barnhelm," welche in Hamburg großen Erfolg gehabt hatte, auf die Bühne, und Schroeder wurde in der Rolle des Just fast vergöttert. Um diese Zeit war Frau Starke in gefühlvollen Rollen sehr beliebt. Die damals in Braunschweig anwesende gefeierte Dichterin **Anna Luise Karschin**, welche vom Prinzen **Friedrich** eine Pension erhielt, gab ihrem Entzücken über eine Darstellung der „Sara Sampson" mit Frau Starke in der Titelrolle in folgender poetischen Epistel Ausdruck:

An
Mademoisell Gräf
über die Miß Sara Sampson.

Sanftes Mädchen, dessen Herz
Allzuvoll von Mitleidsschmerz
Immer brechen wollte,
Da die göttlichfromme Miß
Sterbend einen Brief zerriß,
Der dem Rächer zeigen sollte,
Daß die schlaue Teufellin
Marwut, ein so schönes Leben
Einer solchen Engellin,
Durch ein tödlich Pulvergeben
Schnell und mörderisch geraubt.
Holdes Mädchen — ach! wir alle
Haben sicherlich geglaubt,
Daß hier Sara Sampson falle,
Daß das Gift Ihr nach und nach

Glied an Glied in Eis verwandle,
Daß Ihr liebend Herze brach
Und im Brechen göttlich handle.
Welche Täuschung, welche Kunst,
Der Natur so nachzuahmen,
Daß wir voller Liebesgunst
Theil an einem Tode nahmen,
Den der Dichter nur erdacht!
Groß bleibt Lessing, der die Rolle
Für die Spielerin gemacht,
Welche das empfindungsvolle,
Weiche, fromme Herz besitzt,
Das die Sara haben mußte,
Die vom Himmel unterstützt
Jung und schön zu sterben wußte.
Groß ist diese Spielerin
Und sie soll es ewig bleiben!
Kleine, süße Zauberin,
Heiße Ramler's Griffel schreiben,
Dessen Schrift unsterblich ist,
Sag' Ihm, daß du fast zerschmolzen
Durch der Starkin Blicke bist,
Als sie vor der bitterstolzen
Marwut auf den Knieen lag.
Ihm allein ist es gegeben,
Er — und Er allein vermag
Ihren Ruhm empor zu heben,
Wo die Spielerin itzt glänzt,
Die der Schöpfer der Zaire
Dankbahrlich bekränzt.
Sage, daß es ihm gebühre,
Weil Ihn selbst der Starkin Spiel
In der Seele rühre,
Denn auch er ist ganz Gefühl.

Nicolini ging nun seinem Falle bereits entgegen; er hatte sich den Erbprinzen zum Feinde gemacht, vor allen Dingen aber legte die Finanzbehörde Einsprache gegen seine zerrüttende Verschwendung ein, und der Herzog sah sich genöthigt, ihn, ohne weitere Hülfe, seinen Gläubigern zu überlassen, welche ihm sofort hart zuzusetzen anfingen.

Die Zeit vom 15. December 1769 bis zum. 17. September 1770 umschließt Ackermann's letzten Aufenthalt in Braunschweig, auch kann man etwa um dieselbe Zeit das Ende der ersten, glänzendsten Theaterperiode daselbst annehmen.

Ackermann konnte schon in der letzten Zeit nicht mehr mit seiner Gesellschaft in Braunschweig subsistiren, er hatte sich genöthigt gesehen, die benachbarten Orte Wolfenbüttel und Hildesheim mit zu Hülfe zu nehmen, und sagte, da auch dieses nichts bessern wollte, am 17. September Braunschweig für immer Valet, nachdem er sich mit einer Schuld von 7000 Reichsthalern belastet hatte. Er starb schon ein Jahr darauf, 1771, zu Hamburg.

Gegen den Schluß des Jahres 1771 endete denn auch Nicolini's Herrlichkeit in Braunschweig auf die traurigste Weise. Der Herzog vergönnte ihm freien Abzug, und überließ ihm den nöthigsten Theil der für seine Pantomimen erforderlichen Decorationen.

Ein seltsamer Tausch fand nun statt. Die bereits erwähnte Hamburger Entrepise, deren Zweck auf ein stabiles, die höheren Kunstinteressen verfolgendes Theater gerichtet und bei welcher Lessing als Dramaturg angestellt war, hatte wegen Mangel an Theilnahme des Publicums und in Folge innerer Zerwürfnisse schon nach Jahresfrist wieder aufgelöst werden müssen und die Gesellschaft hatte, wie wir oben sahen, schon 1769 den Wanderstab wieder ergriffen. Lessing erhielt darauf die Stelle als

Bibliothekar in Wolfenbüttel und traf dort ein, als Nicolini mit seinen Pantomimisten, Decorationen und Garderobestücken nach Hamburg zog, um sich dort mit Schroeder, Ackermann's Nachfolger, zu verbinden: ein Bild des wechselnden Bühnenwesens, bei welchem die idealsten Bestrebungen oft der seichtesten und frivolsten Unterhaltung das Feld räumen müssen.

Nicolini zog nur kurze Zeit noch in einigen norddeutschen Städten umher und soll zuletzt sein Leben in einem Kloster unweit Goslar beschlossen haben. Seine Tochter, die schöne und einst vielvermögende Anna, kam später, nach dem Tode des Herzogs Karl, in tiefster Armuth wieder nach Braunschweig zurück und fristete dort noch einige Jahre lang bettelnd ein elendes Dasein.

Fünfter Abschnitt.

Von Lessing's Ankunft in Wolfenbüttel bis zum Schlusse des Nationaltheaters unter Klingemann's Leitung.

Jerusalem's Einfluß auf den Erbprinzen Karl Wilhelm Ferdinand war von den besten Folgen gekrönt. Der Prinz verkehrte viel mit den in Braunschweig lebenden, sowie mit auswärtigen Gelehrten, und auf seine Veranlassung wurde der damalige Bibliothekar zu Wolfenbüttel, Klosterrath Hugo, versetzt, um dem viel berühmten und viel verketzerten Lessing Platz zu machen.

Lessing war in Hamburg Zeuge gewesen, wie der Versuch der Ackermann'schen Gesellschaft zur Gründung eines Nationaltheaters scheiterte; er selbst hatte seine besten Kräfte dem Unternehmen gewidmet und die deutsche Literatur verdankt diesem Umstande seine berühmte Hamburger Dramaturgie. Wie man jedoch aus den bittern Bemerkungen, mit welchen der klare und energische Geist Lessing's am Schlusse seiner Dramaturgie von den Bestrebungen zur Hebung der Bühne Abschied nahm, ersehen kann, waren damals, wie jetzt und zu allen Zeiten, Selbstsucht, oder kleinliche Eitelkeit auf Seiten der Schauspieler und Indolenz des größten Theils der Zuschauer die Scylla und Charybdis, woran jede höhere Absicht scheiterte. Lessing reiste gegen das Ende des

Jahres 1769 auf Ebert's Einladung nach Wolfenbüttel, wo seine Anstellung als Bibliothekar am 15. December 1769 verfügt wurde.

In der Wintermesse des Jahres 1771 kam zum erstenmale die wandernde Gesellschaft von Karl Theophilus Döbbelin nach Braunschweig, während zugleich eine italienische Operngesellschaft unter dem Impressario Jacob Bustelli für gewisse Zeiten des Jahres vom Hofe engagirt war, welche auch bis zum Jahre 1777 regelmäßig eintraf und dann der Brunian'schen Gesellschaft und später der ständig engagirten Oper unter Patrassi und Simoni den Platz räumte.

Die Döbbelin'sche Gesellschaft war von den guten Absichten des Directors beseelt. Ein Vorfall aus dem Leben dieses Mannes giebt ein Bild von den Bemühungen der damaligen besser benkenden Bühnenkünstler, um die allgemein waltende Verachtung von ihrem Stande zu wälzen, zugleich aber auch von der Ueberschätzung dieser Leute, welche ihre Privatverhältnisse, um welche sich nur der klatschsüchtige Theil des Publicums bekümmerte, zu öffentlichen Angelegenheiten erheben zu dürfen glaubten.

Der älteste Sohn des Theophilus Döbbelin hatte sich ähnlicher oder noch schlimmerer Jugendsünden schuldig gemacht als der junge Schröder; da erließ der erzürnte Vater, bei der Leiche seines zweiten, durch Selbstmord gefallenen Sohnes einen offnen Brief an den entlaufenen Aeltesten, worin er die Geheimnisse des Familienlebens Preis gab und ganz im Stil eines edeln Bühnenvaters denselben verwarnte, mit dem Fluche bedrohte und um Besserung beschwor. Uebrigens war der bieder gesinnte Vater Theophilus in seiner Jugend nicht besser gewesen als seine Söhne.

Bei dem ersten Aufenthalte Döbbelin's in Braunschweig kam

der „Codrus" von Cronegk zur Darstellung; ein besonders
wichtiges Ereigniß war jedoch die im Jahre 1772 am 13. März,
dem Geburtstage der verwittweten Herzogin, erfolgte erste Dar=
stellung der „Emilie Galotti" von Lessing.

Die Erfahrungen, welche Lessing in Hamburg gemacht, hatten
ihm zwar den directen Einfluß auf die darstellende Kunst, aber
keineswegs die Lust zu dramatischem Schaffen verleidet und so
war schon nach dem ersten Jahre seines Wolfenbüttler Aufent=
haltes das Trauerspiel „Emilie Galotti" entstanden.

Döbbelin hatte sich das Stück verschafft und erkannte den
Werth, welchen eine erste Darstellung desselben gerade in Braun=
schweig für den Ruf seiner Gesellschaft haben mußte. Lessing
dagegen hatte äußere und innere Gründe genug, diese Darstellung
nicht zu wünschen, um so mehr, da in Berlin, wo damals schon
das deutsche Schauspiel in nicht geringerer Geltung stand, und
Lessing's „Minna von Barnhelm" zum Aerger Voltaire's gegen
den französischen Geschmack Fronte gemacht hatte, die Aufführung
bevorstand. Döbbelin ließ sich jedoch sein Recht nicht nehmen
und Lessing konnte die Darstellung nicht verhindern. Er be=
gnügte sich damit, dieselbe völlig zu ignoriren und ließ sich nie
überreden, eine Vorstellung der „Emilie Galotti" in Braunschweig
zu besuchen. Selbst als das Stück in Berlin und an anderen
Orten gegeben war, vermied er es, die Braunschweiger Dar=
stellung desselben zu sehen. Döbbelin brachte in Braunschweig
auch die übrigen Lessing'schen Stücke, darunter den „Freigeist"
zur Darstellung. Uebrigens wurden noch unter Döbbelin alle
Vorstellungen, selbst die der „Emilie Galotti," mit einer lustigen
Schlußkomödie oder einem kleinen Ballet geschlossen.

Im folgenden Jahre erhielt Döbbelin, welcher bereits ein
königlich preußisches Privilegium hatte, vom Herzoge Karl den

vorher nicht vorgekommenen Titel als herzoglich braunschweigischer Hofschauspieldirector. Er kam jedoch nur noch einige Jahre und wurde durch eine andere damals renommirte Gesellschaft unter dem Director Stöffler ersetzt. Um diese Zeit machten die ersten komischen deutschen Opern von Hiller, mit Text von Weiße, überall Glück und wurden auch in Braunschweig von der Stöffler'schen Gesellschaft gegeben. Auch kommen schon im Jahre 1776 deutsche Sänger zu Gastspielen dorthin.

Von der Bustelli'schen Gesellschaft wurden noch immer italienische Opern und Ballete gegeben, und eine zeitweilig anwesende französische Gesellschaft brachte die komischen Opern von Gretry in Aufnahme.

Im Februar 1775 hatte die Hamburger Direction unter Sophie Charlotte Ackermann und Friedrich Ludwig Schroeder einen Preis für das beste Trauerspiel, dessen Stoff einen Brudermord zur Grundlage haben sollte, ausgesetzt. Unter den eingesandten Arbeiten befand sich auch das Trauerspiel „Julius von Tarent" von dem jungen Leisewitz aus Hannover, den dieses einzige dramatische Werk zu einem der gefeiertsten Dichter erhob. Den Preis erhielt zwar das auf größern Bühneneffect gearbeitete Klinger'schen Trauerspiel „Die Zwillinge," aber die Urtheile der größten Kenner erklärten das Leisewitz'sche Werk für ungleich bedeutender in der Anlage und von höherm poetischen Werthe in der Ausarbeitung. Leisewitz kam 1777 nach Braunschweig, woselbst ein Theil seiner Familie wohnte, erhielt dort eine Anstellung und verkehrte als geachteter Beamter viel mit Lessing und anderen gleich begabten Männern. Er starb im Jahre 1806, nachdem er in den letzten Jahren durch hypochondrische Leiden sehr zur Vereinsamung geführt war.

Von 1776 bis 1780 wechselten die Stöffler'sche, die

Wäser'sche und die Pfeiffer'sche Gesellschaft während den Meßzeiten ab. Auch traf Brunian nach Bustelli's Abgange mit seiner Schauspiel-, Opern- und Burlesken-Gesellschaft, wobei auch Kinder mitwirkten, regelmäßig ein und brachte geschmackvolle Ballete, welche ihm die Gunst des Hofes in hohem Grade erwarben. Dieser Brunian stammte aus einer gräflichen Familie zu Prag und hatte von Jugend an ein wechselvolles Leben als Liebhaber der dramatischen Kunst und Director verschiedener Schauspielertruppen geführt. Braunschweig mag wohl der letzte Ort seiner Wirksamkeit gewesen sein, denn er starb ein Jahr nachdem seine Braunschweiger Direction ein Ende genommen hatte, zu Altona. Unter seiner Direction wurden die ersten Opern von Gluck aufgeführt und der herzogliche Kapellmeister Schwanenberg, von welchem schon 1762 Opern genannt wurden, brachte sein Singspiel „Romeo und Julia" durch die Brunian'sche Gesellschaft zur Darstellung. Auch die ersten Versuche zur Verbindung der dramatischen Kunst mit musikalischer Begleitung, welche der Entwicklung der deutschen Oper sehr förderlich waren, tauchten zu dieser Zeit auf. Das Melodrama „Pygmalion" von Großmann, mit Musik von Benda, welches am 11. August 1779 aufgeführt wurde, giebt hierfür den Beweis.

Alle diese Vorstellungen fanden auf dem fürstlichen kleinen Theater statt. Das große Theater auf dem Hagenmarkte war nicht mehr im besten Zustande und wurde erst 1784 wieder hergerichtet.

Mit dem Jahre 1781, kurz nach dem, im Jahre 1780 erfolgten Tode des Herzogs Karl, tritt wieder eine wichtige Veränderung ein. Der Herzog Karl Wilhelm Ferdinand engagirte eine italienische Operngesellschaft für eine gewisse Summe, wofür dieselbe jährlich fünfundsiebzig Vorstellungen geben mußte: fünfundzwanzig in der Sommermesse, dreißig in der Winter-

meſſe und zwanzig im Herbſte. Der Herzog betrachtete dieſe
Geſellſchaft als ſein Hoftheater und gab ihr auch den Namen
als herzoglich braunſchweigiſche Hofoperngeſellſchaft. Er erlaubte
derſelben jedoch auswärts zu ſpielen, was denn auch mehrere
Jahre in Celle mit großem Beifall geſchah. Die Direction war
den beiden berühmt geweſenen Sängern Patraſſi und Si=
moni übergeben, die beide früher in Prag mit dem Director
Buſtelli, welcher mehrere Jahre vorher ebenfalls die Braun=
ſchweiger Bühne leitete, verbunden geweſen waren.

Dieſe neue, direct vom Hofe abhängige Geſellſchaft ſpielte
bis 1784 im kleinen fürſtlichen Theater und unterdeſſen mußten
die zur Meßzeit eintreffenden deutſchen oder franzöſiſchen Wander=
truppen wieder zu dem Locale im Kaffeehauſe ihre Zuflucht neh=
men. Dies war die Urſache, weshalb keine der größeren Geſell=
ſchaften während dieſer Zeit ſich in Braunſchweig aufhielt.

Mit dem Jahre 1784 zog die italieniſche Hofoperngeſellſchaft
wieder in das neureſtaurirte Theater am Hagenmarkt und im
Frühjahre 1785 traf die damals berühmte Großmann'ſche
Geſellſchaft von Hannover ein, um im kleinen Theater zu ſpielen.
Die Berichte und Zeugniſſe über dieſen erſten viermonatlichen
Beſuch Großmann's geben den Beweis, daß damals die Theater=
verhältniſſe bereits einen gewaltigen Schritt zu derjenigen Geſtal=
tung gethan hatten, welche ſie noch gegenwärtig zeigen. Groß=
mann war ein Mann, der gediegene Studien gemacht, aus freier
Neigung dem Staatsdienſt entſagt und ſich dem Theater gewidmet
hatte. Er war zugleich einer der beliebteſten Bühnendichter ſeiner
Zeit und ſein Luſtſpiel „Nicht mehr als ſechs Schüſſeln" erhielt
ſich lange Zeit auf dem Repertoir. Wo er ſich aufhielt: in
Bonn, Cöln, Frankfurt a. M., Hannover und Braunſchweig,
überall wurde ihm das Lob eines ernſten und kunſtſinnigen

Wirkens. Aus seiner Gesellschaft gingen mehrere der größten dramatischen Künstler, vor Allen seine Stieftochter **Friederike Flittner**, die nachherige **Bethmann**, hervor. Schon waren die **Shakespeare**'schen Dramen, in den Uebersetzungen von **Wieland** und **Eschenburg**, oder bearbeitet von **Schroeder** u. A. auf dem Repertoir; **Schiller** und **Goethe** hatten dramatische Werke geschrieben; **Kotzebue** und **Iffland** fingen an, die Bühne zu beherrschen, und die ersten Opern von **Mozart** entzückten das theaterfreundliche Publicum.

Im Monat Juni 1785 kamen unter anderen zur Darstellung: „Die Räuber" und „Fiesco" von **Schiller**, „die Geschwister" von **Goethe**, „König Lear" und „Hamlet" von **Shakespeare**, „Verbrecher aus Ehrsucht" von **Kotzebue**, „Die Jäger" von **Iffland** und „die Entführung aus dem Serail" von **Mozart**. Auch Opern von **Cimarosa** und **Paesiello**, Melodramen von **Benda**, Schauspiele von **Schroeder** und **Großmann** waren auf dem Repertoir. Ueberhaupt ist es eine unumstößliche Gewißheit, daß das Theater unter solchen Directoren, welche eine gediegene wissenschaftliche Bildung besaßen, wie Großmann und später Klingemann, stets bedeutend gefördert wurde und daß solche Perioden sich durch ein sehr belebtes und gewähltes Repertoir auszeichneten.

Die alte Sitte, jede Vorstellung mit einem Ballete zu schließen, welche noch von dem ächten Komödiantenführer **Döbbelin** aufrecht erhalten worden war, findet sich bei Großmann nicht mehr. Dagegen werden auch bei ihm noch immer die Mitglieder des Schauspiels zugleich für die Oper verwendet.

Im Jahre 1787 kam zur Sommermesse an Stelle von Großmann die **Dietrichs**'sche Truppe nach Braunschweig; dann folgte wieder Großmann bis 1789.

Großmann gehörte zu den innigsten Verehrern Lessing's; kurz nach des Letztern Tode erließ er einen Aufruf an alle deutschen Bühnenvorstände und forderte zu Beiträgen auf, um dem großen Reformator des Theaters ein Denkmal zu Wolfenbüttel zu errichten. Seinem unermüdlichen Eifer gelang es denn auch, die Mittel zu dem Denkmale, welches gegenwärtig im Treppenhause der Wolfenbüttler Bibliothek steht, zu erschwingen.

Dieses Denkmal war früher auf dem Schloßplatze in Wolfenbüttel aufgestellt, und man ließ es durch einen Militärposten gegen Entweihungen des von den Pfaffen aufgereizten Pöbels, welcher oft schmähend daran vorüberging, schützen; indeß war das Aergerniß beim gemeinen Manne soweit eingerissen, daß die Schildwache, welche dabei aufgestellt war, sich einstmals auf Klingemann's Befragen: in welcher Absicht sie hier stehe? unwillig, in plattdeutscher Mundart, vernehmen ließ: daß es ein Schimpf sei, hier für einen Kerl in's Gewehr treten zu müssen, der weder an den Herrgott, noch an den Teufel selbst geglaubt habe. — Die spielenden Kinder bedienten sich damals beim Abzählen des Verses:

> De Düwel kam eenmal up Eren
> Un wull he gern een Blackſmied weern,
> Doch harr he weder Tinn noch Meſſing,
> Drumm namm he den Profeſſor Leſſing.

Mit der italienischen Oper der Herren Patrassi und Simoni wollte es nicht mehr recht gehen. Schon im kleinen Theater war der Besuch spärlich und im Jahre 1784 hatten es die beiden Unternehmer für gerathen gehalten, den deutschen Director Lorenz mit seiner Truppe für die Messe zu engagiren. Als nun aber das deutsche Theater durch Großmann in eine bessere Stellung einrückte und das Repertoir desselben Anziehungskraft gewann, trat die italienische Oper immer mehr in den Hintergrund und es fand nur noch eine Vorstellung wöchentlich statt. Später sah sich der Herzog genöthigt, um nur Zuschauer in das große Opernhaus zu ziehen, die Vorstellungen frei zu geben. Endlich, als neben diesen geringen äußeren Erfolgen die Sänger und Sängerinnen, welche allerdings zu den besten der damaligen Zeit gehörten, ihre Forderungen ungebührlich erhöhten und sich unzufrieden zeigten, löste der, in seinen Entschlüssen sehr rasche Herzog Karl Wilhelm Ferdinand die Gesellschaft mitten im Jahre auf, ließ die Gehalte voraus zahlen und verfügte den ungesäumten Abzug der Italiener.

In den Jahren 1790 und 1791 war Karl Döbbelin, der in seiner Jugend vom Vater öffentlich verwarnte Sohn, welcher ein Privilegium für die Umgegend von Magdeburg hatte, mit seiner Gesellschaft in Braunschweig. Bei ihm herrschte noch der frühere vom Vater ererbte Sinn. Jeder Vorstellung folgte ein Ballet als Nachspiel, meistens vom Director selbst erfunden, und von sämmtlichen Mitgliedern der Gesellschaft ausgeführt.

Auf Döbbelin folgte im Jahre 1792 die Gesellschaft von Jean Tilly, bei welcher sich mehrere sehr gute Kräfte befanden. Das kleine fürstliche Theater wurde um diese Zeit niedergerissen und die italienische Oper für immer verabschiedet. Die Tilly'sche Gesellschaft spielte im großen Hoftheater auf dem Hagenmarkt. Man gab Schauspiele, Opern und Ballete; leitete die Vorstellungen mit einem Gruß an das Publicum ein und schloß dieselben mit einer Abschiedsrede. Alle Festtage oder Trauerfälle für die herzogliche Familie wurden durch entsprechende Vorspiele oder Reden gefeiert. Der Wieland'sche Oberon war damals zu einem Singspiele bearbeitet und von Wranitzky componirt worden. Diese Operette fand ungemein viel Anklang und die meisten Melodien gingen rasch in das Volk über.

In den folgenden Jahren bis 1796 kam Tilly regelmäßig. Unter ihm fand am 20. Juli 1792 auch eine Todesfeier für den tapferen Herzog Ferdinand, den Helden des siebenjährigen Krieges, statt. Zum erstenmale wurden aufgeführt: am 10. März 1793 „Don Juan" von Mozart, am 4. März 1794 „Doctor und Apotheker" von Dittersdorf und am 29. April 1794 „Die Zauberflöte" von Mozart. Letztere mit einem großartigen Erfolge. Ferner kamen 1794 mehrere Stücke von Iffland und Kotzebue, die Oper „Hieronymus Knicker" von Dittersdorf und die ersten Wiener Zaubermärchen zur Aufführung. Auch die Theilnahme des Herzogs Karl Wilhelm Ferdinand an den kriegerischen Unternehmungen gegen Frankreich wurde durch entsprechende Festspiele bei seiner Rückkehr gefeiert.

Als Tilly starb, folgte seine Frau bis 1799. Als auch sie und zwar in Braunschweig starb, übernahm der Advocat Niemeyer die Leitung und Ordnung der Angelegenheiten bis zur Ankunft des Directors Seconda.

Eine kleinere Gesellschaft unter Direction von Ziehr hatte inzwischen mehrmals Vorstellungen im Kaffeehause gegeben.

Joseph Seconda kam nur dreimal zur Meßzeit nach Braunschweig und wurde namentlich durch Aufführung des Donauweibchens, welches von der Darstellerin der Titelrolle, die in unglaublicher Freiheit des Anzuges erschien, zu großer Anziehungskraft gebracht wurde, vor schlechten Erfolgen bewahrt.

Im März 1800 traf eine französische Gesellschaft unter Direction von Madame Aurora Bursay und deren Gatten Fleury in Braunschweig ein. Sie kamen von Rheinsberg, wo sie vom Prinzen Heinrich von Preußen für dessen französische Komödie engagirt gewesen und fingen in Braunschweig sehr klein an. Nach und nach jedoch dehnten sie sich aus und gewannen großen Einfluß. Madame Bursay selbst und Mademoiselle Duquenoi verstanden es vortrefflich, die damalige Modeneigung für das französische Wesen mit anderen Neigungen bei Hofe zu benutzen. Sie blieben bis zum Jahre 1807, wo sie von Jerôme Napoleon nach Kassel berufen wurden, um dort ein königlich westphälisches Hoftheater zu bilden. Während der Anwesenheit dieser französischen Komödiantentruppe mußten die **deutschen** Gesellschaften, welche zur Meßzeit in Braunschweig zu spielen wünschten, eine Abzahlung an die französische Theatercasse leisten. Zwei Jahre lang, 1801 und 1802, kam die Magdeburger Gesellschaft unter Fabricius und Hostowsky. Es wurden neu gegeben: „Die Piccolomini," „Wallensteins Tod," Maria Stuart" und „Die Jungfrau von Orleans" von Schiller und „Heinrich der Löwe" von Ziegler. „Das Donauweibchen" erster, zweiter und dritter Theil fand sehr viel Beifall und jede Saison brachte neue Stücke von Kotzebue und Iffland.

Mit dem Jahre 1803 finden wir zu den Meßzeiten die Hannover'sche Gesellschaft, welche dort am Hofe engagirt war, in Braunschweig. Der Director der Truppe hieß Reinhard; dieser starb später in Breslau, indem er beim Auftreten auf die Bühne plötzlich todt hinstürzte. Vom Sommer 1804 bis zur Wintermesse 1810 besuchte wieder die Magdeburger National=Schauspieler=Gesellschaft unter Fabricius und Hostowsky die Messe. Fabricius hat ebenfalls später durch seinen Tod großes Aufsehen erregt. Er erschoß sich in Magdeburg im Jahre 1821 bei einer Darstellung des Don Carlos, wo er als Regisseur im vierten Acte den Schuß für den Posa hinter der Scene zu geben hatte. Der jetzige Braunschweiger Director Schütz spielte an diesem verhängnißvollen Abend den Carlos. Am 12. August 1804 fand zum Geburtstage der Herzogin die erste Vorstellung von Schiller's „Braut von Messina" mit einer vorhergehenden Rede von Fabricius statt. Im folgenden Jahre wurde der „Wilhelm Tell" von Schiller zum erstenmale gegeben und sehr häufig wiederholt. Auch begegnen wir im Jahre 1805 zum erstenmale dem Namen August Klingemann in der Braunschweiger Theatergeschichte. Sein Trauerspiel „Arnold von der Halden" wurde zur Darstellung gebracht.

Mehrere Romane von Knigge, welche komische Vorfälle aus dem Braunschweiger Leben behandelten, waren ebenfalls dramatisirt und dargestellt worden.

Im Jahre 1806 kam Klingemann's „Martin Luther" zur Aufführung. Ein besonderes wichtiges Ereigniß für die Braunschweiger Bühne bildete in diesem Jahre das Gastspiel Iffland's, welcher Rollen wie Wallenstein, Tell, deutscher Hausvater u. A. spielte. Iffland las auch das damals epochemachende Werk von Zacharias Werner „Luther oder die Weihe der Kraft" öffentlich vor. Vermuthlich konnte es in Braunschweig nicht zur Darstellung kommen, weil derselbe Stoff erst kurz vorher von Klingemann auf die Bühne gebracht war.

Im folgenden Jahre gastirte die berühmte Bethmann, welche damals Rollen wie die Orsina in „Emilie Galotti" spielte. Ein neues Drama von Klingemann: „Cromwell" kam zur Darstellung.

Während der ganzen westphälischen Zeit wurde sehr häufig die beliebte komische Oper „Hieronymus Knicker" von Dittersdorf gegeben. Aus Rücksicht auf König Jérôme wurde jedoch der Titel in „Lucius Knicker" umgewandelt.

Um diese Zeit war Klingemann bereits mit der Magdeburger Direction in genauere Verbindung getreten. Die Darstellungen der Wintermesse 1808 in Braunschweig wurden durch einen Epilog von ihm geschlossen und in der darauf folgenden Sommermesse kam sein Trauerspiel „Columbus" zur Darstellung. Am 15. September 1808 wurde eine Todtenfeier für Leisewitz gehalten und dessen „Julius von Tarent" dabei aufgeführt.

Während dieser Jahre kamen zu den Meßzeiten neben der Magdeburger Truppe häufig noch kleinere Gesellschaften nach Braunschweig und spielten auf der Bühne des Kaffeehauses. Selbst Opern und Ballete kamen dort zur Darstellung.

Auch ist es damals und früher schon Gebrauch gewesen, daß die Braunschweiger Theatergesellschaften zuweilen wochenlang in Wolfenbüttel Vorstellungen gaben.

Im August 1809 gastirte Iffland wieder als Lear, Schewa, Nathan, Marinelli u. a. m. Iffland kam vorzugsweise gern nach Braunschweig, weil er dort unbefangener als in seiner Vaterstadt Hannover mit seinen Verwandten zusammentreffen konnte.

Der letzte Besuch der Magdeburger National-Schauspieler-Gesellschaft fällt in die Wintermesse 1810. Damals machte der erste Heldenspieler der Gesellschaft, Leo, durch die Genialität seiner Leistungen Aufsehen. Dieser Leo war ein höchst origineller, aber excentrischer und hypochondrischer Mensch. E. T. A. Hoffmann hat ihn in seinem Buche „Seltsame Leiden eines Theaterdirectors" unter der Bezeichnung „Der Braune" charakterisirt, wärend „Der Graue" Hoffmann's Freund, Ludwig Devrient, ist. Leo, der auch in Braunschweig mehrere Proben seiner Genialitätsanmaßungen gegen das Publicum gewagt hatte und sich in Folge eines solchen Vorfalls rasch entfernen mußte, erschoß sich später in Weimar auf Wieland's Grabe mit einer Pistole, die mit Champagner geladen war. Am 21. Februar 1810 nahm die Magdeburger Gesellschaft mit einem Vorspiel von Klingemann, „Trennung und Erinnerung," auf immer von Braunschweig Abschied. Am 5. Juni desselben Jahres kam der Director der Hannover'schen Bühne, Friedrich Walther, in Braunschweig an und eröffnete seine Wirksamkeit durch ein von ihm selbst verfaßtes Vorspiel „Die Weihe."

Die Gesellschaft, welche Walther nach Braunschweig führte, war erst kurz vorher neu organisirt worden und vereinigte mehrere der berühmtesten Bühnenkünstler der damaligen Zeit. Sein Unternehmen fand daher auch den besten Erfolg. Er war jedoch selbst ein hypergenialer Mensch von ungeregelter Kunstanschauung und wüster Lebensführung. Gleich in den ersten Monaten brachte er nicht weniger als sechs von ihm selbst verfaßte Stücke in den heterogensten Richtungen zur Darstellung, darunter ein Trauerspiel „Curd von Rabenau oder der Vehmrichter" und eine Posse „Der Faßbinder oder Mausche im Fasse."

Bis zum Jahre 1812 kam Walther regelmäßig zu den Messen nach Braunschweig, begrüßte das Publicum und verabschiedete sich von demselben mit eigenen Dichtungen und brachte es durch seine ungeordnete Geschäftsleitung so weit, daß die Bühne, als er starb, bis zur Ordnung seiner Angelegenheiten geschlossen werden mußte.

Eine abenteuerliche Erscheinung, welche sich damals mit Gewalt zu einer Berühmtheit machen wollte, war Elise Hahn, die dritte Frau des Dichters Bürger, welche sich demselben nach dem Tode seiner Molly selbst angetragen hatte. Nach kurzer, sehr unglücklicher Ehe wurde das excentrische Weib im Jahre 1792 von ihrem Gatten getrennt, der 1794 schwergebeugt starb. Sie zog nun unter dem Titel der Profefforin Bürger als Dichterin und Schauspielerin in Deutschland umher.

Mit dem Director Walther muß sie sehr befreundet gewesen sein, denn kaum war dieser in Braunschweig eingezogen, als er zwischen seinen eigenen dramatischen Erzeugnissen auch die der Frau Bürger aufführte. So kamen „Clara von Montalban," nach einem Romane der Frau von Genlis, „Die Schwestern von Lesbos" und das Lustspiel „Die Würde der Frauen," sämmtlich Bearbeitungen der Frau Bürger, zur Darstellung. Die seltsame Frau kam bald darauf nach Braunschweig und trat in diesen und anderen Stücken selbst auf, spielte die Fürstin in Iffland's „Elise von Valberg" und die Lady Milford in „Kabale und Liebe." Damit noch nicht zufrieden, gab sie auch mimisch-plastische Darstellungen und verkörperte antike und biblische Statuen.

Von bedeutenden neuen Erscheinungen brachte Walther nur Stücke von Klingemann, nämlich den „Moses," den „Cortez" und den „Faust." Es liegt ganz im Charakter dieser kurzen Periode, das Nahliegende, subjectiv Interessante, größeren Gesichtspunkten vorzuziehen. Iffland gastirte im Herbste 1811 und fast zu gleicher Zeit mit ihm gab auch der unter dem Namen Patrick Peale reisende Baron von Seckendorf, der später als Professor am Collegium in Braunschweig angestellt wurde, seine ersten pantomimistischen Vorstellungen. Solche mimische und plastische Darstellungen waren damals sehr beliebt. Die darin berühmte Händel-Schütz gab um dieselbe Zeit in Braunschweig ihre Vorstellungen im medicinischen Saale.

Im Sommer 1812 starb Walther. Nachdem seine Frau die Leitung übernommen hatte und etwas Ordnung in das Chaos der Verwaltung gebracht war, kam sie im Winter desselben Jahres wieder nach Braunschweig und trat sogleich mit Klingemann, der sich inzwischen zum zweitenmale mit einer Schauspielerin, Fräulein Anschütz, verheirathet hatte, in Geschäftsverbinduug. August Klingemann war 1777 zu Braunschweig geboren und dort, nachdem er seine Studien in Jena beendet hatte, als Registrator angestellt worden. Die Vorliebe zum Theater, verbunden mit der Anregung, die er in Jena und Weimar durch den Umgang mit Brentano u. A. erhalten hatte, führte ihn früh zum dramatischen Schaffen und er entfaltete bald eine außerordentliche Productivität. Seine Richtung in der dramatischen Poesie war jedoch mehr eine äußerlich prunkende als tiefgehende, und seine Wirksamkeit daher auch nur von ephemerer Bedeutung. Er selbst greift in seinen Reiseskizzen (Kunst und Natur, drei Bände), welche reich an dramaturgischen Notizen sind, die Richtung der Romantiker an, obgleich er derselben früher in seinem Buche „Romano" gehuldigt hatte, und glaubt Goethe und Schiller gegen Tieck in Schutz nehmen zu müssen. Trotz ihrer schroffen Haltung gegen einander, würden diese drei Unsterblichen doch gewiß in der Ansicht einig gewesen sein, daß dem höchsten Zweck alles dichterischen Wirkens wohl durch kraftvolle und energisch auftretende Gegensätze, niemals aber durch Halbheiten und pomphafte Aeußerlichkeiten gedient wird.

Was dem Dichter Klingemann zum Nachtheile gereicht, das machte ihn gerade zum Bühnenvorstand sehr geeignet. Jener Sinn für den scenischen Effect, für die wirksame Anwendung und Behandlung der äußeren Mittel, verbunden mit einem hingebenden, wenn auch einseitigen Enthusiasmus für das Edle und Große in der Kunst, waren Eigenschaften, wie sie sich selten zusammenfinden, um gerade bei der technischen Leitung einer Bühne zum Vortheil zu wirken.

Bis gegen Ende des Jahres 1814 war die Walther'sche

Gesellschaft noch immer eine wandernde Truppe, welche nur zu den Meßzeiten in Braunschweig spielte; Klingemann, der seinen Staatsdienst quittirt hatte und dessen Frau bei der Walther'schen Gesellschaft engagirt war, mußte mit nach Hannover ziehen, bis im Winter 1814 auf 1815 der Aufenthalt für immer in Braunschweig genommen wurde. Die Zettel trugen von nun an die Unterzeichnung: „Die Direction des Braunschweig'schen Theaters. Sophie Walther. Aug. Klingemann, Dr."

Das Jahr 1813 war übrigens für Braunschweig ein besonders wichtiges. Die Schlacht bei Leipzig, der Abzug der Franzosen und die Restitution des Herzogthums waren Ereignisse, die Gelegenheit genug zu freudenvollen Festlichkeiten gaben. Die Körner'schen Stücke und „Deutsche Treue," sowie „Heinrich der Löwe" von Klingemann wurden neu dargestellt, und eine Vorstellung zum Besten der in der Schlacht bei Leipzig verwundeten Krieger veranstaltet. Am Geburtstage des Herzogs Friedrich Wilhelm, der lange Jahre ungefeiert geblieben, wurde zum erstenmale gegeben die Oper „Titus" von Mozart mit vorhergehendem Festspiele von Klingemann: „Der erste August 1809." Dies war der Tag, an welchem der Herzog bei Oelper die feindlichen Reihen durchbrach, um sich den Weg nach England zu bahnen.

Im Anfang des Jahres 1814 wurde der Auszug der braunschweig'schen Truppen in den Krieg für Deutschlands Freiheit durch eine Darstellung des patriotischen Schauspiels „Heinrich der Löwe" von Klingemann, wobei am Schluß ein vaterländisches Kriegslied gesungen wurde, gefeiert. Am 4. August desselben Jahres fand dann eine allegorische Friedensfeier von Klingemann statt, bei welcher Panoleon und die Muse der Weltgeschichte vorkamen. Zwei Ballete „Die Schlacht bei

Leipzig" und „Napoleon's Entthronung" schlugen ganz in die Stimmung der Zeit und erlebten vielfache Wiederholungen. Neu gegeben wurde „Egmont" von Goethe, „Wallenstein's Lager" von Schiller, „Hedwig" von Körner, „die Stricknadeln" von Kotzebue und zu Iffland's Todesfeier dessen „Herbsttag" nebst Prolog von Klingemann.

Im darauf folgenden Jahre wurde dem traurigen Tode des Herzogs Friedrich Wilhelm am 3. August eine ernste Feier gewidmet, und von nun an regelmäßig die Geburtstage der beiden Prinzen, Karl und Wilhelm sowie des Prinzen von Wales als deren Vormunds gefeiert. Am 9. Mai wurde Schiller's Todestag durch einen Prolog und die Darstellung der „Braut von Messina" begangen, auch fand die Aufführung des „Zriny" von Körner statt.

Bis zum Jahre 1818 blieben nun die Verhältnisse der Braunschweiger Bühne unverändert und das Repertoir behielt eine sehr erfreuliche Lebendigkeit. Neue Stücke von dem damaligen Liebling der dramatischen Muse, Kotzebue, fanden alljährlich Eingang, dazwischen wurden öffentliche Vorfälle und geschichtliche Erinnerungen durch Prologe und Festspiele begangen.

Am 31. März 1818 nahm Frau Sophie Walther mit einem Theil der Gesellschaft Abschied von Braunschweig und ging nach Magdeburg, während die zurückbleibenden Mitglieder für das neu errichtete Nationaltheater engagirt wurden. Es hatte sich nämlich schon ein Jahr vorher eine Commission gebildet, welche das Theater als Actienunternehmen zu halten beschloß, und vom Hofe, sowie vom Saatsminister, Grafen von der Schulenburg, sehr begünstigt wurde. Eine Verwaltungscommission trat an die Spitze und übertrug Klingemann die artistische Leitung. Am 29. Mai 1818 wurde dieses neue Unternehmen unter dem

Namen „Braunschweiger Nationaltheater" mit einem Prologe von Klingemann und Schiller's „Braut von Messina" eröffnet. Nachdem vier Vorstellungen vorhergegangen waren, begann ein regelmäßiges Abonnement.

Es fanden anfänglich viele Gastspiele und Personalveränderungen am Nationaltheater statt; auch begegnen wir in diesem Jahre bereits einigen noch jetzt in Wirksamkeit stehenden Mitgliedern. Neu aufgeführt wurden rasch nach einander: „Die Ahnfrau" und „Sappho" von Grillparzer, „Donna Diana" und die Oper „Tancred" von Rossini.

Der 18. Juni 1819 wurde durch die Recitation des Arndt'schen Gedichtes „Die Schlacht beim schönen Bunde" und die Oper „Achilles" von Paer gefeiert. Von beliebten Opern der damaligen Zeit sind außer der genannten, namentlich „Sargines" von Paer und „Die Königin von Golconda" von Barton zu nennen. Auch kam am 20. October 1819 zum Geburtstage des Herzogs Karl zum erstenmale „Zemire und Azor" von Spohr zur Darstellung.

Unter den damals öfters neu auftretenden jungen Künstlern erscheint auch Karl Devrient, der als „Ulrich von Rudenz" seine Laufbahn in Braunschweig am 28. Juli 1819 begann. Auf dem Zettel wird für ihn als den „Neffen des berühmten Schauspielers gleichen Namens" um Nachsicht gebeten. Zwei Jahre darauf begann auch Emil Devrient zu Braunschweig seine dramatische Carriere, und zwar als Sänger, indem er Rollen wie den Sprecher in der „Zauberflöte" und den Kalchas in Gluck's „Iphigenie" sang. Neu waren im Jahre 1819 „Correggio," „Hakon Jarl" und „Panatoke" von Oehlenschläger und die Oper „Der Barbier von Sevilla" von Rossini. Unbedeutendere Novitäten gingen dazwischen stets von Zeit zu

Zeit über die Bühne; es verlohnt jedoch nicht, sie als längst verschwundene Gespenster hier wieder zu citiren.

Ein Gastspiel von außergewöhnlicher Bedeutung war das Eßlair's und seiner Tochter im Jahre 1821.

Das Jahr 1822 brachte mehrere epochemachende Novitäten. Zuerst den „Freischütz," von Weber, der in Braunschweig überhaupt zuerst erschienen wäre, hätte nicht die schon festgesetzte erste Aufführung durch den Componisten selbst einen Aufschub erlitten, um die Oper zuvor in Berlin zur Aufführung gelangen zu lassen. In der ersten Zeit fanden sehr viele Wiederholungen des „Freischütz" statt. Ferner erschienen neu: „Preciosa", und Kleist's „Prinz von Homburg."

Ein interessantes Gastspiel war das des jungen Ehepaares Stich; von höchster Bedeutung jedoch wurde der zweimalige Aufenthalt Ludwig Devrients, der als Schewa, Shylock, Lear, Lorenz Kindlein, alter Klingsberg, Falstaff und in anderen Rollen das Publicum entzückte.

Im Jahre 1824 wiederholte Ludwig Devrient sein Gastspiel. Ueber seinen Falstaff sagte Klingemann damals: „Die Darstellung des Falstaff durch Devrient war die behaglichste, die man sich denken kann, und der Künstler schwelgte dabei gleichsam in sich selbst. Der murrende und in sich grollende Unmuth, wie ihn der Künstler darstellte, wenn den tapfern John seine Vertrauten im Stiche gelassen, war einzig und sein moralisches Zürnen über die untergehende Tugend der Spitzbuben, nebst dem dazwischen geworfenen Schimpfen auf alle feigen Memmen, und dem wiederholten Verlangen nach einem Glase Sekt erreichte eine hohe Stufe von Originalität, welche sofort aber wieder durch seine Lügen überboten wurde. Die ganze Darstellung war durch eine Art wollüstige Behaglichkeit charakterisirt, aus welcher der dicke Hans nur etwa durch das Aeußerste gerissen werden kann, wie z. B. da, wo man ihn erstechen will, was ihm doch zu arg wird, weshalb er sich auch sofort scheintodt auf den Boden niederlegt und beruhigt."

Das Repertoir bereicherte sich nun fortwährend mit den gediegensten Werken. Shakespeare's „Romeo und Julie" in der Schlegel'schen Uebersetzung wurde am 3. April 1823 zum erstenmale gegeben, und am 27. November desselben Jahres kam Goethe's „Goetz von Berlichingen" zur ersten Darstellung. Von neuen Opern erschienen „Armida" von Rossini und „Ferdinand Cortez" von Spontini. Die Dramen „Der Paria" von Michel Beer und „Medea" von Grillparzer kamen 1824 auf das Repertoir. Im Jahre 1825 kamen als neu zur Darstellung: „Der ewige Jude", Melodrama von Klingemann mit Musik von Spohr, ferner die Opern „Jessonda" von Spohr und „Der Schnee" von Auber. Eine Oper, welche damals sehr häufig auf dem Repertoir stand, war: „Axur und Ormus" von Salieri.

Mit dem Beginn des Jahres 1826 kamen noch das Lustspiel „Das öffentliche Geheimniß" von Calderon und Rossini's komische Oper: „Die Italienerin in Algier" zur Darstellung.

Leider hatte sich inzwischen herausgestellt, daß das Nationaltheater auf die Dauer trotz der vortrefflichen Leitung nicht bestehen konnte. Am 19. März 1826 wurde die Bühne mit der „Zauberflöte" geschlossen; der Bestand des Nationaltheaters war aufgelöst und hatte nach Verlauf von acht Jahren mit einem Verluste von 17,131 Thalern sein Ende erreicht.

Schluß.

Das Hoftheater.

Niemand wird sich über die Bedeutung täuschen, welche der Einfluß, den das Interesse der Höfe auf die Entwicklung der Schauspielkunst hat, in Anspruch nehmen darf. Wenn wir in gegenwärtiger Zeit auch zuweilen darüber klagen, daß große Summen an den Hoftheatern verschwendet werden für pomphafte Aufzüge oder Balletausstattung, so ist doch auf der andern Seite nicht zu läugnen, daß die bedeutenden Zuschüsse, die aus den fürstlichen Kassen in die Theaterkassen fließen, auch für Hebung der Kunst und die Stellung der Schauspieler von dem dankenswerthesten Einflusse sind. Als die Schauspielkunst noch den Wanderstab führte, war vielleicht das Zusammenspiel der einzelnen Gesellschaften besser, und der Virtuosenschwindel vergiftete nicht die wirkliche Begabung, aber wir können uns kaum mehr einen Begriff davon machen, welchen Insulten oft die unbeschützten Bühnenkünstler ausgesetzt waren und wie unwürdig das Publicum sich zuweilen gegen sie benahm. Ein Theateralmanach vom Ende des vorigen Jahrhunderts enthält die Erzählung eines Theaterbesuchers, der in Bonn mit der Großmann'schen Gesellschaft, also einer der besseren, zusammentraf. Darin heißt es:

„Ich geleitete eines Tages eine Dame in's Schauspiel; sie nahm, ohngeachtet es das schönste Wetter war, einen Parapluie mit; ich fragte sie um die Ursache, sie schlug die Augen nieder, ihr Mann aber antwortete: Wenn wir in die Komödie gehen, heißen wir das nicht einen Parapluie, sondern einen Para —; denn die Studenten nehmen sich's oben auf dem Paradiese nicht übel, sich in der Komödie von dem zu sich genommenen Getränk zu entledigen, und darunter würde der Kopfputz unserer Damen in den unteren Logen leiden, wenn sie sich nicht beschirmten." Dagegen ist sogar die berühmte „Kirschkernkanonade", welche die Hallenser Studenten zu Goethe's Zeit gegen die Schauspieler auf der Bühne ausführten, ein unschuldiger Scherz! — Alle diese Rohheiten wurden durch die Protection der Höfe nach und nach verdrängt, und gewiß, eben so viel Concessionen, wie jetzt dem Hofgeschmack gemacht werden müssen, mußten in früherer Zeit dem rohen Haufen zugestanden werden; jetzt aber ist wenigstens durchgängig mehr Anstand unter dem Publicum und die Persönlichkeit der Schauspieler ist gesichert vor öffentlichen Mißhandlungen.

Bei der großen Vorliebe, welche Herzog Karl, der schon seit October 1823 die Regierung angetreten hatte, für das Theater hegte, war es schon vor dem Schlusse des Nationaltheaters vorauszusehen, daß dasselbe als Hoftheater wieder eröffnet werden würde. Nachdem etwa zwei Monate vergangen waren, geschah dies denn auch, und zwar mit einer glänzend in Scene gesetzten Zauberoper: „Die Prinzessin von Provence." Klingemann behielt vorerst noch einige Jahre lang die Oberleitung. Ihm zur Seite stand der treffliche Regisseur Haake, welcher namentlich während der großen Reisen Klingemann's, deren Beschreibung in „Kunst und Natur" uns erhalten ist, die ganze Leitung hatte. Klingemann wurde dann im Jahre 1828 am

Collegium Carolinum angestellt, von wo er jedoch im Jahre 1830 abermals an die Spitze der Theaterdirection berufen wurde, um bis zu seinem Tode 1831 in dieser Stellung zu verbleiben. Mancherlei Gastspiele fanden in der ersten Zeit des Hoftheaters statt. So u. A. spielten der Charakterdarsteller Marr und der berühmte sogenannte Heldenspieler Wilhelm Kunst zu wiederholten Malen, und diese beiden gehörten später auch eine Zeitlang dem Braunschweiger Theater als engagirte Mitglieder an. Neu gegeben wurden am 10. October 1826 Beethoven's „Fidelio"; ferner „Leocadia" und „Maurer und Schlosser" von Auber, „Faust" von Spohr, „Die Belagerung von Korinth" und „Die Jungfrau vom See" von Rossini, „Die weiße Frau" von Boieldieu und die ersten Raupach'schen Dramen. Mehrere Shakespeare'sche Stücke in der Schlegel=Tieck'schen Uebersetzung kamen zur Darstellung; auch „Die schelmische Gräfin" von Immermann und „Der Schmuck" von Köchy wurden 1828 gegeben.

Besonders wichtig ward die am 19. Januar 1829 stattgefundene erste Darstellung des „Faust" von Goethe, um dessen Inscenesetzung sich Klingemann ein ganz besonderes Verdienst erwarb, da es der erste Versuch außerhalb Weimars war, dieses großartige Gedicht durch die Bühne dem Volke zu vermitteln. In demselben Jahre wurden auch die Opern „Der Vampyr" von Marschner, sowie „Die Stumme von Portici" und „Graf Ori" von Auber neu gegeben. Eine Localposse von Kettel, „Das Gespenst auf der Wallpromenade" wurde oft wiederholt. Wilhelm Kunst verweilte etwa ein halbes Jahr als engagirtes Mitglied und spielte vielfach seine Paraderollen Jaromir, Karl Moor, Otto von Wittelsbach u. A. Auch gab eine französische Schauspielergesellschaft aus Berlin fünf Vorstellungen.

Im Jahre 1830 kamen die gemüthlichen Holtei'schen Stücke: „Der alte Feldherr" und „Lenore," ferner „Bianca Sepolcro" von Klingemann, „Hans Sachs" von Deinhardstein und „Yelva" von Reissiger zur Aufführung.

Ein historisch wichtiger Theaterabend war derjenige des 6. Septembers 1830, als während der Vorstellung des Rossini'schen „Othello" jener Tumult sich verbreitete, in Folge dessen das herzogliche Schloß in Flammen aufging, der Herzog Karl flüchtete und Herzog Wilhelm die Regierung antrat.

Schon am 18. September konnte das Theater wieder eröffnet werden und am 10. October wurde wegen des Umschwungs der Verhältnisse ein Fest begangen, bei welchem ein Prolog von Professor Friedrich Konrad Griepenkerl gesprochen wurde.

Die Oberleitung des Hoftheaters war im Anfange dem Hofrath Ribbentrop übertragen gewesen, bis der Oberstallmeister von Oeynhausen zum Intendanten ernannt worden war. Auf diesen folgte der Oberhofmarschall von Lübeck, in dessen Händen die Geschäfte blieben, bis zum Wechsel der Regierung, wo der Kammerherr von Münchhausen an seine Stelle trat.

Die Regie des Schauspiels befand sich Anfangs in den Händen der Herren Marr und Kettel und die Regie der Oper in denen des Herrn Cornet. Nach Klingemann's Tode wurde Doctor Köchy zuerst als Dramaturg und Theatersecretär angestellt und nach Marr's Abgang erhielt derselbe die Oberregie über Oper und Schauspiel mit dem Titel Intendanturrath.

Von 1831 bis 1855 blieben die Verhältnisse in der Leitung ziemlich unverändert. Die berühmtesten Künstler und Künstlerinnen, wie Sophie Schröder, die Devrients, Madame Schröder-Devrient, Seydelmann, Döring, u. A. trafen wiederholt zu Gastspielen ein und das Repertoir brachte, wie es in neuerer Zeit ziemlich gleichmäßig an den deutschen Theatern geschieht, jährlich mehrere Novitäten, worunter die localen Productionen in Oper und Schauspiel auch ihre Berücksichtigung fanden.

Am 19 Mai 1835 wurde das neu erbaute Schloßtheater zu Wolfenbüttel mit einem Prologe von Köchy und Lessing's „Emilie Galotti" eröffnet. Dieses Theater blieb mit der Braunschweiger Bühne eng verbunden, und fand allwöchentlich daselbst eine Vorstellung von den Mitgliedern der herzoglichen Bühne statt.

Nach den Raupach'schen Dramen beherrschten auch in Braunschweig wie überall die Birch-Pfeiffer'schen Stücke die Bühne und brachten im Verein mit den Lustspielen von Blum, Bauernfeld, Töpfer und Benedix gute Erfolge, neben denen sich die Werke von Halm, Gutzkow, Prutz, Freytag, Laube Mosenthal u. A. achtungsvolle Geltung verschafften. In der Oper machten Meyerbeer, Halevy, Lortzing, Flotow, Auber und die modernen Italiener das meiste Glück, doch suchten die nach einander wirkenden und in ganz Deutschland als Componisten berühmten Kapellmeister Wiedebein, Albert Methfessel und Georg Müller, welcher letzterer einer der Quartettbrüder war, auch die klassischen deutschen Tonwerke auf dem Repertoir zu erhalten. Das Orchester erhielt in dieser Zeit namentlich durch das ausgezeichnete Quartett der Gebrüder Müller einen europäischen Ruf. Auch der Braunschweiger Feska, der berühmte Liedercomponist, brachte zwei Opern: „Der Troubadour" und „Ulrich von Hutten", und der hier lebende Virtuose Litolff eine Oper „Die Braut vom Kynast" zur Darstellung.

Der hundertjährige Geburtstag Goethe's am 28. August 1849 wurde durch einen Prolog von Köchy und die Darstellung des „Egmont" gefeiert.

Am 17. Januar 1850 ging das Trauerspiel „Maximilian Robespierre" von Robert Griepenkerl in Braunschweig zum erstenmale über die Bretter und dies Stück, welches die Stimmung der Bewegung von 1848 in enthusiastischer Weise apotheosirte, machte ein so unerhörtes Aufsehen, daß viele Wiederholungen rasch auf einander folgen mußten. Von Braunschweig ausgehend machte Griepenkerl's „Robespierre" durch ganz Deutschland die Runde und zündete allenthalben durch den idealen Schwung der Gedanken und das hinreißende Pathos der Diction. Geringer war die Wirkung des zweiten Dramas von Griepenkerl, zu welchem er den Stoff ebenfalls der französischen Revolutionsgeschichte entnommen hatte und das unter dem Titel „Die Girondisten", am 4. December 1851 zum erstenmale in Braunschweig dargestellt wurde.

Zur Enthüllungsfeier des herrlichen Lessing-Standbildes von Rietschel wurde am 29. September 1853 ein Festgedicht von Köchy gesprochen, dem die Aufführung von Lessing's „Nathan der Weise" folgte.

Im Jahre 1855 wurde der ganze Bestand des Schauspiels aufgelöst und die bisherige Direction sowohl wie die Mitglieder wurden theils pensionirt, theils entlassen. Der Herzog Wilhelm übertrug sodann dem seit zwei Jahren von Braunschweig nach Wiesbaden übergegangenen Schauspieler Eduard Schütz die artistische Direction des Braunschweiger Hoftheaters, mit dem Auftrage, eine ganz neue Schauspieler-Gesellschaft zu organisiren. Am 1. April 1856 trat diese neue Direction bereits in Wirksamkeit, und am 1. September desselben Jahres wurden die Vorstellungen durch einen Prolog und „Julius Cäsar" von Shakespeare eröffnet.

Mit dem Tode des Kammerherrn A. v. Münchhausen

rat dessen Neffe, der Hofmarschall Karl v. Münchhausen an die Spitze des Hoftheaters; die artistische Leitung des Schauspiels blieb in den Händen des Directors Schütz und die Oper wurde vom Kapellmeister Franz Abt geleitet, der anfänglich als Stellvertreter Müller's, während einer lang dauernden Kunstreise des berühmten Quartetts, berufen und nach dessen Tode als Kapellmeister angestellt worden war.

In dem Jahre 1857 und 1858 war während des Winters eine Gesellschaft italienischer Pantomimisten und Ballettänzer engagirt; auch kamen mehrmals in den vierziger und fünfziger Jahren französische Komödiantengesellschaften auf mehrere Monate nach Braunschweig, ohne jedoch dem deutschen Schauspiel in den Weg zu treten, da die Vorstellungen derselben nur an den freien Abenden in der Woche stattfanden.

Der allgemeine deutsche Ehrentag, der hundertjährige Geburtstag Schiller's, ward am 10. November 1859 durch einen Prolog von Adolf Glaser und die Darstellung von „Wallensteins Tod" gefeiert.

Im Jahre 1858 wurde von der Ständekammer der Bau eines neuen Theaters beschlossen und der Plan sogleich in Angriff genommen. Das stattliche Gebäude ist nun fast vollendet und soll im Herbste 1861 eröffnet werden.

Nachwort.

Meine Absicht war nicht, eine Anhäufung von Vorgängen, die nur rein locale oder temporäre Bedeutung haben, niederzuschreiben, es durfte daher nur dasjenige berücksichtigt werden, was mit der Entwicklung der Geschichte des deutschen Theaters überhaupt in Verbindung stand und somit von allgemeinem und bleibendem Interesse war. Von dem Wunsche ausgehend, ein für Jedermann lesbares Buch zu schreiben, habe ich es vermieden, im Texte selbst die Quellen anzugeben, weil solche Angaben den Laien stören oder zu weit führen. Ich habe, wo es mir möglich war, alle die Quellen, welche den bekannteren Geschichtsschreibern der deutschen dramatischen Kunst zu Gebote standen, selbst nachgelesen. Von Werken, welche speciell die Geschichte des Braunschweiger Theaters berühren, nenne ich: August Klingemann's „Kunst und Natur" sowie Karl Schiller's „Braunschweigs schöne Literatur in den Jahren 1745—1800". Besonders wichtig waren: Eduard Devrient, „Geschichte des deutschen Theaters" und C. A. Hagen: „Geschichte des Theaters in Preußen.

Die neueren Werke über deutsche Literatur, Kunst- und Musikgeschichte mit Berücksichtigung der Bühnenverhältnisse, von

Verfassern wie Gervinus, Vilmar, Scherr, Marx, Schneider, Cornet u. A. wurden sorgfältig benutzt. Die Schätze der Wolfenbüttler Bibliothek, welche namentlich Bezug auf die Werke von Schriftstellern aus der herzoglichen Familie, dann an Werken aus der Zeit Gottsched's und Lessing's, sowie an Biographien, Nekrologen, älteren Operntextbüchern u. s. w. vieles besitzt, kamen mir sehr zu Statten. Eine reiche Ausbeute gewährte die große Sammlung von Theaterzetteln, Journalen und Almanachs im Besitze des Herrn Major Häusler in Braunschweig. Ferner ging mir Herr Registrator Sack mit Notizen aus den alten Hofrechnungen aus der Zeit von Herzog Heinrich Julius und dessen Nachfolgern, die im herzoglichen Landes-Archiv zu Wolfenbüttel verwahrt werden, bereitwillig zur Hand. Ueber Roswitha und ihre Werke gab mir ein Vortrag von Professor Löher in München, der bei Vieweg im Druck erschienen ist, sehr erwünschte Auskunft. Einzelne Aufsätze von H. Grimm, Fr. Chrysander u. A. blieben nicht unberücksichtigt. Auch durch mündliche und schriftliche Privatmittheilungen ist mir Manches zugekommen.

Dr. A. Glaser.

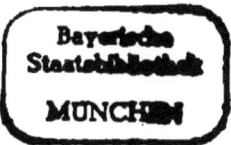

Druck von H. Neuhoff & Comp. in Braunschweig.